AF586208

ÉTUDES ÉCONOMIQUES

SUR

L'INDUSTRIE DE LA SOIE

DANS LE MIDI DE LA FRANCE,

Lues à l'Académie des Sciences morales et politiques, dans ses séances du 17 et du 24 avril 1852,

Par F. DE LA FARELLE,

MEMBRE CORRESPONDANT DE CETTE ACADÉMIE, ANCIEN DÉPUTÉ.

PARIS.

CHEZ GUILLAUMIN, LIBRAIRE,

Éditeur du *Dictionnaire d'Économie politique* et de la *Collection des principaux Économistes.*

Rue Richelieu, 14.

1852.

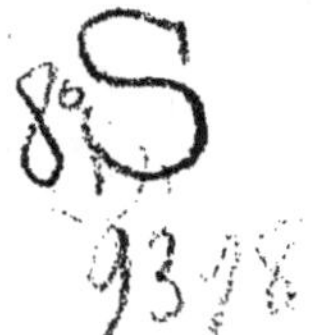

NOTA.

Ces deux premières études sur les classes vouées à la production du cocon, à la filature et à l'ouvraison de la soie, seront suivies d'autres études sur les populations ouvrières des principales fabriques de soieries.

L'auteur répète ici qu'il ne prend en aucune façon sous sa responsabilité les chiffres empruntés par lui à la *Statistique générale de la France*, publiée au nom du Gouvernement, et qu'il ne donne que comme renseignements plus ou moins approximatifs.

ÉTUDES ÉCONOMIQUES

SUR

L'INDUSTRIE DE LA SOIE

DANS LE MIDI DE LA FRANCE.

Extrait du *Journal des Économistes*, Revue mensuelle.
LIVRAISON DE MAI-JUIN 1852.

ÉTUDES ÉCONOMIQUES

ACQ. 42,644

SUR

L'INDUSTRIE DE LA SOIE

DANS LE MIDI DE LA FRANCE,

PAR M. DE LAFARELLE.

PREMIÈRE ETUDE.

DES CLASSES LABORIEUSES VOUÉES A LA PRODUCTION DU COCON.

Des trois principales sources de la richesse publique ou privée, l'Agriculture, le Commerce et l'Industrie, la dernière passe à bon droit pour celle qui, de nos jours, a pris le plus large développement et accompli les plus rapides progrès. C'est ce que constate une sorte de notoriété publique par ces formules si universellement employées : *Notre siècle est l'âge de l'industrie*, ou bien encore : *Notre époque sera caractérisée dans l'histoire par l'avénement du règne de l'industrie*. Que ce soit là, de la part de la société humaine, un pas nouveau dans la longue voie de la civilisation, c'est ce que ne voudrait contester aucun esprit impartial et sérieux, puisque ce fait constitue en somme un accroissement de bien-être réel mis à la portée de tous, sinon dès à présent obtenu par tous. Mais il faudrait pousser l'optimisme un peu loin, pour ne pas voir en même temps les côtés faibles de ce grand événement contemporain, et pour méconnaître le caractère aussi fâcheux qu'inattendu de quelques-unes de ses conséquences économico-sociales. La plus regrettable de toutes est sans contredit l'apparition ou tout au moins l'extension énergique et soudaine d'une espèce particulière de misère ou de pauvreté, qui attaque certaines classes de la population inférieure dans une proportion notable et à peu près constante, qui s'y établit à l'état chronique pour ne pas dire incurable, et qui traîne presque toujours après elle la dégradation physique et morale de ceux qu'elle atteint. Le paupérisme, tel est le nom moderne de ce fléau tout moderne aussi, j'allais ajouter, et tout industriel, lorsque je me suis ressouvenu à temps et de certains comtés d'Angleterre, et de certaines provinces flamandes, et de l'Irlande surtout, lieux où la classe agricole et rurale paye à son tour un large tribut à ce redoutable fléau. Mais, en général, chez la plupart des peuples civilisés de l'ancien monde, la contagion du paupérisme n'est guère sortie jusqu'à présent du cercle des populations manufacturières, soit agglomérées dans les grands centres de production, soit répandues dans les campagnes qui les environnent, en travaillant en commun dans de vastes ateliers, ou transformant les matières premières à la pièce et à domicile. En France, par exemple, si les conditions de l'existence matérielle sont difficiles et rudes pour les masses rurales d'un trop grand nombre de nos départements agricoles, on ne saurait prétendre pour cela qu'elles soient tombées dans le paupérisme. Ces populations vivent, après tout, de leurs salaires quotidiens : les familles, sans doute, y nouent assez péniblement les deux bouts, pour parler leur propre et naïf langage, mais elles y parviennent en définitive, sans que la charité publique ou privée ait à intervenir pour ramener l'équilibre dans leur pauvre petit budget annuel. Les maladies, l'imprévoyance, le désordre et le vice, des malheurs inattendus peuvent et doivent, sans doute, y précipiter dans une détresse accidentelle un nombre plus ou moins considérable, soit d'individus, soit de ménages; jamais au contraire une classe entière n'y arrive jusqu'à un état de pauvreté et de dégradation permanent et absolu. Le paupérisme pourrait donc être assez proprement qualifié chez nous de *fléau industriel*.

Mais voici qui est plus frappant encore : entre les classes laborieuses vouées aux travaux de l'industrie, le paupérisme semble avoir fait un choix. Il s'attaque de préférence, on pourrait dire presque exclusivement, à l'élément personnel inférieur qui dessert nos grandes industries textiles du coton, du lin, de la laine et de la soie. Ces deux premières surtout constituent en quelque sorte son domaine privilégié : des quatre, l'industrie de la soie est évidemment la moins atteinte; je ne craindrais même pas de l'en proclamer tout à la fois exempte, si je pouvais oublier ces époques de crise, heureusement de plus en plus rares, où la fabrique de tissage de la soie, à Lyon, à Saint-Étienne, à Nîmes ou Avignon, jette tout à coup dans la rue sa masse de *canuts* ou de *taffetassiers*, à l'état de mendicité ; encore est-il très-contestable que cette détresse, purement accidentelle, toujours éphémère, et qui ne survit pas à sa cause, la crise commerciale régnante, puisse recevoir à juste titre le nom de paupérisme. Il faut reconnaître du moins que c'est du paupérisme à l'état de maladie aiguë et périodique, mais non à celui de maladie chronique, ce qui est bien différent quant aux résultats : l'un, attaquant chez la population infectée le principe même de la vie sociale, la jette dans un dépérissement progressif et continu ; tandis que l'autre, qui n'est qu'une perturbation momentanée, une situation anormale, lui laisse l'espoir, pour ne pas dire la certitude d'un rétablissement complet. Quoi qu'il en soit, établir en fait la différence caractéristique que je viens de faire pressentir entre l'élément personnel inférieur de l'industrie de la soie et celui de nos autres grandes industries textiles, puis, chemin faisant, rechercher, développer les causes de cette différence, tel est le but économique que je me suis proposé dans ces études.

Heureux si je parvenais à en faire ressortir quelques utiles indications touchant les moyens curatifs les plus pratiques et les plus efficaces de la situation plus ou moins fâcheuse dans laquelle sont tombées quelques-unes de nos populations manufacturières

I.

Coup-d'œil général sur l'industrie de la soie. — Plan et division de ces études.

Les origines de l'industrie de la soie en France ne remontent pas au delà des règnes de Louis XI et de Charles VIII. Le mûrier blanc, dont la feuille alimente le ver à soie ou magnan, est, comme tout le monde le sait, indigène de la Chine. C'est de là qu'il s'est lentement et graduellement acheminé vers nous, à travers l'espace et le temps, par les Indes, la Perse et les rives du Bosphore. Après une brillante station en Grèce et en Sicile, il en fut rapporté chez nous et fut transplanté en Provence par Charles VIII; puis, son successeur Louis XI essaya de le cultiver un peu en grand dans les fertiles plaines de la Touraine.

En 1606, seulement, un simple jardinier de Nîmes, Traucat, fit connaître en Languedoc, par un écrit remarquable et des essais de culture intelligents, tous les avantages de cette branche d'agriculture[1]. Il peut donc être considéré comme le bienfaiteur à qui nous devons l'introduction, sur une grande échelle, de ce précieux végétal dans la partie de la France où il a pris le plus large développement et donné les plus heureux résultats. Henri IV, alors sur le trône, et son grand ministre Sully, ne doivent pas non plus rester étrangers à notre gratitude, puisque ce sont eux qui accueillirent et fécondèrent l'ingénieuse entreprise du modeste horticulteur nîmois. On trouve encore çà et là, épars au milieu de nos campagnes et au sein de nos vallées, quelques antiques et gigantesques mûriers, dont la tradition populaire fait remonter la plantation jusqu'au temps du bon roi et de son intègre ministre : on les appelle encore des Sully. Bien avant cette époque mémorable de l'agriculture séricicole de notre France méridionale, plusieurs de ses cités les plus importantes, et Nîmes et Avignon en particulier, s'étaient efforcées de s'enrichir de la fabrication des soieries : ces efforts plus ou moins couronnés de succès sont établis officiellement par des actes royaux et municipaux nombreux, des règnes de Louis XII et des autres prédécesseurs d'Henri IV ; mais il sera plus opportun d'en réserver la mention pour le moment où je m'occuperai du tissage de la soie, de son introduction dans le Midi, et de ses principales phases historiques. Je rappellerai seulement ici que l'in-

[1] Elle y existait cependant déjà ; Serres parle de mûriers cultivés dans les Cévennes.

dustrie de la soie dut également beaucoup à l'intelligente et énergique impulsion donnée par l'habile ministre Colbert, et qu'en dépit d'un temps d'arrêt occasionné par une mesure politique de regrettable mémoire, la révocation de l'édit de Nantes, vers la fin du règne de Louis XIV, elle était parvenue, aux derniers jours de l'ancienne monarchie, à un état on ne peut plus florissant. C'est ce qui résulte des estimations données par M. de Tolosan et reproduites dans le rapport au roi, du ministre de l'agriculture et du commerce, placé en tête de la statistique générale de notre industrie.

Ces estimations, qui portent le chiffre total de la production industrielle de la France, en 1788, à 931 millions de livres tournois, y font figurer la valeur de tous les articles de soierie, fabriqués par nous, pour 130 millions 800,000 livres, dont voici le détail :

Modes de soie....................................	5,000,000 liv.
Tapisserie, ameublement..........................	800,000
Soierie, étoffes de tout genre...................	70,000,000
Bonneterie de soie, bas, etc.....................	25,000,000
Rubans, blondes, gazes...........................	30,000,000
Total comme ci-dessus........................	130,800,000 liv.

Le document officiel qui vient après celui-ci dans l'ordre chronologique, et que relate aussi le rapport au roi, précité, c'est le travail de statistique du comte Chaptal, ministre de l'intérieur sous l'Empire : il évalue notre production industrielle totale de 1812, à 1,820 millions, c'est-à-dire un chiffre double de celui de 1788. L'ensemble des industries composant ce que l'on appelle, en statistique, les *produits animaux*, c'est-à-dire les industries de la laine, des peaux ou cuirs de toute espèce, et de la soie, entre dans cette augmentation considérable pour 28 pour 100, soit pour une fraction moyenne entre le tiers et le quart. Mais ce n'est, certes, pas à l'industrie de la soie que doit être attribué ce brillant résultat : car il appert de ce même document statistique que la valeur totale des articles de soierie, produits en France (filature, tissus, passementerie, bonneterie, etc.), n'était plus en 1812 que de 107 millions 160,000 francs. L'industrie qui nous occupe, loin de suivre la marche ascendante de tous nos autres produits pendant les vingt-quatre ans écoulés depuis la chute de la vieille monarchie, avait donc au contraire perdu et rétrogradé : elle avait même d'autant plus perdu et rétrogradé, que la valeur relative de l'argent était devenue bien moindre à cette dernière époque qu'elle n'était avant la Révolution : l'empire français embrassait d'ailleurs, en 1812, plusieurs départements démembrés du Piémont et du territoire génois, où l'on produisait de la soie. Et cependant la diminution constatée officiellement se portait, comme l'on voit, à 23 millions 240,000 francs, de 1788 à 1812 !

Ce fait peut paraître étrange à la première vue, mais il suffit d'y regarder d'un peu plus près pour le comprendre et se l'expliquer parfaitement.

1° Tandis que l'Empire, avec ses grandes, ses éternelles guerres et son blocus continental, surexcitait toutes les autres industries textiles, particulièrement celles de la laine et du coton, en leur assurant le monopole du marché dans presque toute l'Europe, il enlevait à l'industrie de la soie ses trois principaux débouchés, l'Angleterre, les Etats-Unis et l'Espagne;

2° Le marché intérieur lui-même était devenu bien moins favorable aux articles de soierie, articles essentiellement somptuaires, à raison de la détresse générale, fruit d'une lutte aussi longue qu'acharnée ;

3° Quelques-unes des branches les plus importantes de la fabrique de soieries se trouvaient, d'ailleurs, successivement atteintes par l'omnipotence capricieuse de la mode. Les bas de soie, dont la production s'évaluait, en 1788, à 25 millions, étaient devenus bien moins en usage, et les papiers peints avaient remplacé à peu près partout les tentures en étoffe. La soie ne figurait plus que dans l'ameublement des palais ou des hôtels de la nouvelle aristocratie, et dans ses rangs les plus élevés. Mais le retour, en 1815, d'une paix générale et permanente produisit, en faveur de l'industrie de la soie, une réaction vraiment merveilleuse. A la vérité, la bonneterie et l'emploi des tentures n'ont plus retrouvé leur antique splendeur; mais, soit au dedans, soit au dehors, l'usage des soieries est devenu de plus en plus fréquent et habituel. L'emploi des vêtements et des ameublements en soie est descendu, en un mot, des classes supérieures de la société, dans la consommation des classes populaires aisées. Et c'est là le progrès le plus considérable, le pas le plus décisif que puisse accomplir une industrie. Voilà ce qui explique le chiffre si prodigieux auquel se porte cette production dans la statistique publiée en 1840.

Il ne s'agit plus, en effet, comme en 1788, de 130,800,000 livres, encore moins, comme en 1812, de 107,160,000 livres, mais bien de 402,442,347 fr., chiffre qu'elle a même assez probablement dépassé depuis lors : et, cependant, ce n'est pas encore là la somme entière des valeurs que l'industrie de la soie ajoute annuellement à notre richesse nationale, car la fabrique française, qui tire de l'étranger une portion notable des soies grèges qu'elle transforme de diverses manières, n'emploie pas, ne consomme pas, après tout exclusivement, toutes les soies filées et ouvrées en France. L'exportation fait sortir une fraction assez importante de ses soies, évaluée par la statistique à un total de 231,777,698 fr., fraction qui va alimenter les ateliers du dehors, notamment ceux de la Grande-Bretagne et de la Suisse.

Telle est en France l'industrie de la soie, la seule, à vrai dire, de toutes les industries françaises qui ne connaisse pas de rivale dans le monde entier.

Après ce coup d'œil général et rapide jeté sur son état passé et présent, j'arrive au plan ou programme des études que je me propose de lui consacrer.

L'industrie de la soie embrasse quatre opérations successives et distinctes, savoir

1° L'éducation du ver à soie pour en obtenir la production du cocon ;

2° La filature, ou pour parler un langage plus technique, le dévidage de ce cocon, pour en retirer, sous forme d'écheveau, le brin qui en composait le tissu ;

3° L'ouvraison ou moulinage de la soie, c'est-à-dire l'opération par laquelle on tord et réunit en un seul fil plusieurs des brins de soie dont se compose l'écheveau ; brins trop déliés et trop fragiles pour être mis en œuvre dans ce premier état ;

4° Enfin, le tissage de la soie, c'est-à-dire la fabrication de ces nombreux et brillants produits que tout le monde connaît, étoffes unies ou façonnées, pures ou mélangées, légères ou fortes, taffetas, velours, damas, rubans, tulles, gazes, etc.

Reprenons maintenant l'une après l'autre ces quatre opérations, non, certes, pour les traiter en détail et à un point de vue technique, tel n'est point l'objet de ce travail ; mais pour déterminer la nature de chacune d'elles, et surtout pour étudier la situation économique de chacune des classes laborieuses qui les accomplissent. Cette première étude a pour sujet la population qui produit le cocon ; la suivante embrassera tout à la fois la classe ouvrière qui dévide ou file le cocon et celle qui mouline la soie ; enfin, la troisième et dernière traitera de l'élément personnel de quelques-unes des fabriques les plus importantes de la France méridionale.

II.

Production du cocon, sa nature, ses divers travaux.

L'éducation du ver à soie n'est pas du domaine de l'industrie ; elle appartient évidemment à celui de l'agriculture, au même titre que l'élève des espèces bovine et chevaline, dont elle ne diffère que par une seule circonstance : sa périodicité intermittente. L'éducation, ou plutôt la vie du magnan ne se prolonge pas au delà d'une cinquantaine de jours. Pour l'ordinaire on met les œufs à éclosion vers la mi-avril, et les cocons sont détachés de la bruyère sur laquelle les vers les ont tissus dans la dernière moitié de juin. Ces époques varient du reste beaucoup, non-seulement selon le climat mais encore selon la température de l'année

Les mêmes ouvriers qui cultivent le mûrier, qui le plantent, le greffent, le fossoient, le fument, le taillent et en détachent la feuille, sont aussi ceux qui, aidés de leurs femmes et de leurs filles, soignent le ver, lui donnent ses quatre à cinq repas quotidiens, le délitent après chacune de ses mues, placent la bruyère, en forme de longs portiques, au-dessus de l'insecte parvenu à maturité, et puis enfin en détachent le cocon dans lequel il s'est enseveli à l'état de chrysalide. Pendant toute la durée de l'éducation, mais surtout pendant la dernière quinzaine qui précède l'ascension du ver sur la bruyère, il règne dans tout le pays un mouvement, une activité, une fièvre de travail dont rien, absolument rien, ne peut donner l'idée dans aucune autre branche de l'art agricole. On travaille pendant quinze, dix-huit, vingt heures par jour ; on ne se couche plus, dans son lit du moins, et si l'on dort quatre ou cinq heures au plus, c'est par hasard et à la dérobée, où l'on peut et comme l'on peut. Quant aux repas, c'est de la même manière qu'ils se prennent, le plus souvent debout et sans autre aliment cuit qu'un pain préparé quinze jours à l'avance. Alors, pendant la durée de ces longues journées de mai ou de juin, hommes, femmes, enfants, tout le monde est sur les arbres ou dans les magnaneries. On n'a le temps ni de vendre, ni d'acheter, ni de passer des actes ; aussi, tout vaque, notaires, avocats, marchands, tout, jusqu'aux médecins et aux pharmaciens, qui attendent habituellement cette époque pour s'absenter ; car ils savent bien, et eux-mêmes me l'ont bien souvent répété, que durant cette période *on n'a pas même le temps d'être malade*. En un mot, le pays tout entier ne respire et ne vit que pour le ver à soie, son cher et précieux trésor.

On comprendra sans peine, d'après ce tableau, dont je crains peu de voir contester la fidélité, combien cette population a besoin de déployer d'activité, d'ardeur et de persévérance. J'ajouterai que l'éducation du ver à soie n'exige pas, de sa part, moins de soin, d'ordre, de prévision, d'intelligence enfin. Il faut que l'éducateur songe à pourvoir à tout ; qu'il ne se trouve jamais sans une provision de feuilles suffisante à plusieurs repas ; qu'il prévoie même les orages et les temps pluvieux, pour se procurer une réserve de cette même feuille. Il doit suivre attentivement la marche des thermomètres distribués dans sa magnanerie, pour attiser et ralentir les feux, afin d'élever ou abaisser la température. Il doit connaître quand le ver se prépare à entrer en mue, pour lui supprimer toute alimentation ; et quand il se dispose à en sortir, pour la lui rendre en abondance. Il lui faut connaître le moment précis et très-court où la bruyère doit être dressée sur les tables, car, pour peu qu'elle le soit ou trop tôt ou trop tard, le délicat et capricieux insecte ne donne que très-imparfaitement son produit. Enfin, l'éducateur ne peut rester étranger à la connaissance et aux moyens curatifs, mais surtout préservatifs, des nombreuses, des cruelles maladies propres au ver à soie. Il doit même savoir au besoin pressentir, deviner en quelque sorte, longtemps à l'avance, que son éducation n'arrivera pas à bien, et prendre dès lors une résolution énergique et bien douloureuse pour lui, mais qui peut seule le préserver d'une perte ruineuse. En d'autres termes, il doit savoir sacrifier ses nombreux élèves avant qu'ils aient poussé trop loin une consommation improductive, et disposer de sa feuille en faveur d'éducateurs plus heureux que lui. Tout cela, comme l'on voit, comporte et exige, non pas seulement de la force et de l'adresse physiques, mais encore un développement assez étendu de facultés intellectuelles. On ne sera donc pas surpris que la classe agricole vouée à la production du cocon soit tout à la fois robuste, saine, intelligente et morale. Je m'empresse d'ajouter qu'elle ne l'est pas en vain. Si l'on distrait les périodes exceptionnelles, quoique toujours trop communes, de guerre ou de révolution, cette classe obtient, en effet, de ses pénibles et délicats travaux, un prix rémunérateur très-satisfaisant. Sans parler des bénéfices, évidemment trop casuels et trop variables pour être déterminés, que réalisent les entrepreneurs d'éducation, propriétaires, fermiers ou autres, sans parler, dis-je, de ces bénéfices qui répandent, en somme, beaucoup d'écus dans le pays, le simple manouvrier lui-même y arrive aisément à une existence plus que tolérable, ainsi qu'on va le voir à l'instant.

III.

Tableau physique, intellectuel et moral de la classe ouvrière qui produit le cocon.

Le salaire commun du travailleur de dernier ordre, de celui qu'on appelle *terrassier*, est relativement très-élevé, dans les pays séricicoles les plus favorisés, et il dépasse sensiblement la moyenne générale de ce même salaire en France. Il est, en effet, de 1 fr. 40 c. par jour, ou même de 1 fr. 50 c. pendant l'hiver, et de 1 fr. 75 c., voire même de 2 fr. pendant l'été ; à l'époque des récoltes et particulièrement de la taille du mûrier, ou de la cueillette de la feuille, surtout lorsque ces travaux sont exécutés à forfait, le prix de la journée monte à 2 fr. 50 c., et peut aller jusqu'à 3 fr. et 3 fr. 50 c. A ces salaires de la portion masculine il faut ajouter, comme je le dirai plus tard, les salaires relativement encore plus élevés que les femmes obtiennent, d'abord pour les soins donnés dans l'intérieur des magnaneries, et puis pour la filature du cocon.

Voici, du reste, le budget d'une famille séricicole et prolétaire des Cévennes (Gard), tel que je l'ai donné dans une précédente publication, et que je demande la permission de reproduire, en l'accompagnant de quelques observations nouvelles. Cette famille est supposée comprendre le père, la mère et trois enfants, dont deux parvenus à l'âge de puberté.

Recette.

250 journées du père à 1 fr. 75 c., en moyenne.........	437 fr.	50 c.
340 journées de la mère et des deux enfants adultes à 1 fr.	340	
Ensemble....................................	777	50

Dépense.

Blé tozelle, 10 hectolitres à 26 fr., prix donné par les mercuriales de plusieurs années (1830 à 1840), ci........	260 fr.	c.
Viande de cochon, 130 kil. à 1 fr. 30 le kil.............	169	
Pommes de terre, 500 kil. à 6 fr. les 100 kil............	30	
Légumes secs, 6 décalitres à 2 fr........................	12	
Sel, environ...	15	
Vin, 350 litres évalués à................................	50	
Vêtements et chaussures du père, 53 fr. 50 c.; — de la mère, 34 70; — des enfants, 60 ...	148	20
Logement et entretien du mobilier........................	60	
Éclairage..	12	
Chauffage, pour mémoire..................................	00	
Ensemble...	756	20

J'ajoutais en note : « Dans les Cévennes l'industrie de la soie fournit à la femme et aux enfants le moyen d'obtenir des salaires tout à fait en dehors de la moyenne générale. »

Eh bien ! voici les seules modifications que je croirais devoir apporter aujourd'hui (janvier 1852), à ces documents recueillis il y a treize ans (en 1839), modifications dont la plupart peuvent être considérées comme accidentelles et transitoires. Au budget des recettes, peut-être faudrait-il diminuer le nombre des journées du père et le réduire à 200, parce que les travaux agricoles se sont sensiblement ralentis depuis 1848. On entreprend peu de réparations ou améliorations considérables : on se borne, en général, à entretenir ce qui est ; encore même ne fait-on pas, pour cet entretien, les mêmes efforts qu'autrefois.

Je ne croirai, au contraire, rien devoir retrancher aux salaires de la femme et des filles, la filature du cocon durant plus aujourd'hui et employant plus de bras que jamais, et l'on peut dire avec vérité que si les événements politiques de ces dernières années n'ont pas jusqu'ici porté un coup mortel à l'aisance de la classe prolétaire dans les Cévennes, c'est à la portion de la famille appartenant au sexe féminin, que cet heureux résultat doit être attribué. Chacune de ces familles, en effet, a, dans les ateliers de dévidage, la mère, la fille aînée, quelquefois même la mère et deux filles, payées à raison de 1 fr. 50 c. par jour quand elles sont fileuses en titre, et à raison de 1 fr. à 1 fr. 25 c. tandis qu'elles sont apprenties, époque qui dure pour elles trois ou quatre ans, de seize à vingt ans. Au budget de la dépense j'ai à peine besoin de faire remarquer la frappante exagération du prix de l'hectolitre de tozelle ou de froment : ce serait à 15 ou 16 fr. qu'il faudrait l'évaluer aujourd'hui, au lieu de 26.

Voilà donc une diminution de 100 fr. au moins à opérer sur l'article capital de l'alimentation. Mais tout ne devrait pas être retranché de la dépense générale : il y aurait à en reporter une bonne partie : 1° sur l'article des vêtements, sinon du père et de la mère, du moins des filles qui se retiennent, en général, pour cet objet une fraction plus ou moins forte de leurs salaires de la filature ; 2° sur un article nouveau à introduire dans le budget de la dépense, au compte du père et surtout des enfants mâles, devenus adultes : celle de la dépense dans les cafés ou cercles, en liquides, cigares et parties de billard.

Je ne dois pas quitter ce sujet sans faire observer que ce budget est celui d'une famille de *prolétaires* ; or, il y a ou ne peut pas moins de véritables prolétaires dans les pays séricicoles les plus favorisés. Chaque famille y possède, en général, une petite propriété qu'elle a le plus souvent acquise à l'état de simple dépaissance, et qu'elle a mise en valeur dans ses jours ou ses moments d'oisiveté ; elle en retire une certaine quantité de feuilles de mûrier, de céréales, de pommes de terre, d'huile d'olive et de vin, qui donnent le plus heureux supplément à son chapitre des recettes, mais qui varient beaucoup trop pour qu'il soit possible d'en évaluer la moyenne.

On le voit donc, la population rurale vouée à la culture du mûrier et à la production du cocon jouit, en définitive, d'une existence matérielle que l'économiste le plus philanthrope se tiendrait pour satisfait de savoir partagée par toutes les autres classes laborieuses de notre patrie.

En effet, si l'on en excepte les temps de guerre générale, de révolution intérieure ou de grande crise commerciale, elle se nourrit d'un pain savoureux et substantiel fait avec des blés de première qualité : tels que la tozelle et le froment ; les plus misérables y mêlent seuls, par moitié, du seigle ou quelque autre grain d'ordre inférieur. Elle boit habituellement un peu de vin, mange d'excellents légumes, toute sorte de bons fruits, et même quelquefois de la viande de boucherie, mais surtout de la viande de porc, animal qu'elle nourrit à domicile et à peu de frais. Elle est sainement et proprement vêtue et chaussée : les demeures qui l'abritent ne sont point de ces misérables chaumières ou de ces affreuses masures à demi ruinées que l'on voit presque exclusivement, soit dans nos pauvres départements de montagnes, soit dans nos provinces centrales de l'Ouest. Ce sont bien ici de véritables maisons recouvertes de bonnes tuiles en terre cuite et solidement construites en maçonnerie à chaux et à sable. Elles ont des cheminées pour en délivrer l'intérieur de la fumée du foyer domestique, des fenêtres vitrées et closes de volets pour les défendre du froid et du chaud. Beaucoup enfin ont plusieurs étages consacrés, savoir : le rez-de-chaussée au bétail et aux animaux de culture ; le premier au logement de la famille ; toute la partie supérieure, souvent fort élevée, aux granges et surtout aux magnaneries. Voilà pour la condition matérielle.

L'état intellectuel n'est pas moins avancé, et j'ai déjà dit que la nature des travaux accomplis par cette population exige et produit du mouvement dans les idées, et le développement de plusieurs facultés de l'entendement humain. L'enseignement primaire donné dans les pays séricicoles n'a rien de particulier et qui mérite de fixer l'attention : les écoles y sont nombreuses, très-suivies pendant toute la mauvaise saison, et passablement tenues, au point de vue de l'instruction ; mais, comme partout en France, cet enseignement laisse beaucoup à désirer, sauf chez les Frères, au point de vue religieux et moral ; la politique, au contraire, y a joué, dans ces derniers temps, un rôle considérable, et communément ce rôle n'a pas été bon. Quant à l'enseignement professionnel relatif à l'agriculture séricicole, il n'est donné, à ma connaissance, que dans un seul établissement, la ferme-école du département du Gard, créée par un arrêté de M. le ministre de l'agriculture et du commerce, en date du 5 mars 1849. Cette école est établie dans une ferme appelée le Masle-Comte, près du village de Gajan, à 10 ou 12 kilom. de Nîmes ; elle est située dans un assez large vallon susceptible d'une grande variété de cultures ; elle a de vastes bâtiments que l'on a pu approprier, à peu de frais, au logement d'un nombreux personnel et aux exigences diverses d'une exploitation embrassant les principales cultures du pays.

Les élèves de la ferme-école doivent être âgés de seize ans au moins : il n'y a pas de limite supérieure. Les candidats, qui doivent savoir lire, écrire et connaître les quatre règles de l'arithmétique, concourent devant un jury d'admission nommé par le ministre, sur la proposition du préfet. Ce concours a ordinairement lieu du 10 au 15 mars.

Le nombre des élèves est de trente-trois, se renouvelant par tiers chaque année, le terme complet de leurs études étant lui-même de trois années.

L'enseignement consiste dans l'explication d'un cours élémentaire d'agriculture, dans celle des principes d'hygiène des bestiaux et des soins médicaux à leur donner ; connaissances complétées par l'application de l'arithmétique et de la géométrie à la solution des principales questions agricoles : comptabilité, nivellement, cubage, etc.

Les travaux pratiqués sont toutes les opérations manuelles de l'exploitation, toutes les cultures principales du pays.

Quant à ce qui concerne l'industrie séricicole, laquelle aurait évidemment dû être la première en date et en importance, le croirait-on ! la ferme-école n'a pu établir une magnanerie qu'à partir du 1er janvier 1851. Il n'y a donc encore eu qu'une seule éducation de vers à soie au Masle-Comte. Tous les élèves de troisième année y ont pris part à tour de rôle. Tous les élèves de l'école concourent d'ailleurs, sans distinction, aux soins d'entretien que réclament les mûriers, et reçoivent des directions touchant les meilleures conditions d'établissement d'une magnanerie, la conduite d'une éducation de vers à soie, les moyens propres à éloigner les maladies qui leur sont propres, le bon choix des cocons pour *graine*, l'appareillement des papillons producteurs des œufs et la conservation de ces œufs. On doit se livrer, cette année (1852), à la reproduction d'œufs venus l'année dernière du Liban, afin de propager le plus possible cette espèce de vers, exempte, dit-on, de la muscardine, et de régénérer par là les espèces du pays.

En dernière analyse, sans appartenir à l'une de ces belles et fortes races dont le type exceptionnel frappe et saisit tout d'abord l'imagination de l'observateur, la population qui nous occupe offre je ne sais quoi de doux, d'animé, de sociable, qui satisfait les yeux et le cœur. On voit abonder chez elle les physionomies heureuses et joviales : l'accueil y est cordial et empressé, les caractères sont francs, ouverts, mais ardents et passionnés, surtout dans tout ce qui touche aux dissentiments religieux et politiques du pays. On rencontre beaucoup d'esprits vifs, fins, déliés, mais mobiles à l'excès, et cependant routiniers, contraste beaucoup plus facile à reconnaître qu'à expliquer. On a vu avec quelle ardeur, avec quelle persévérance on y sait travailler; c'est avec le même feu que l'on court au plaisir. La jeunesse des deux sexes aime passionnément la danse, les fêtes, les réunions citadines ou champêtres; les jeunes filles montrent pour la parure un goût très-prononcé, mais qui ne survit jamais au mariage; les hommes d'un âge mûr passent presque tout le temps qu'ils peuvent dérober à leurs occupations, dans des cercles-cafés, qui ont remplacé l'antique et grossier cabaret, dans une proportion vraiment effrayante. Toutefois, l'ivrognerie et la débauche sont restées des vices exceptionnels, et, en dépit des dépenses un peu fortes que font quelques-uns, dans ces établissements, l'ordre et l'économie demeurent des vertus généralement pratiquées. Mais ce n'est point pour la caisse d'épargne que l'on thésaurise; non, c'est pour satisfaire l'ambition dominante dans le pays, celle de s'élever le plus tôt possible au rang de propriétaire foncier. Tout ce que l'on peut mettre de côté sert à s'acheter un lambeau de terre, ou bien à réparer, fertiliser, embellir celui que l'on possède déjà, comme on embellirait et parerait une maîtresse adorée : ce ne sont, certes, pas là les passions et les habitudes qui accompagnent ou présagent l'invasion du paupérisme et ses tristes conséquences. Mais il en est d'autres, moins fâcheuses sans doute, bien qu'il faille les déplorer aussi, que l'on peut et doit évidemment leur attribuer. Ce n'est pas toujours à l'esprit d'ordre et d'économie, ni à un labeur âpre et soutenu, ou du moins, ce n'est pas à eux seuls que l'on demande les moyens de satisfaire cet amour excessif de la propriété foncière, cette ambition ardente de l'améliorer et de l'embellir;

pour *passer* propriétaire, pour conserver surtout le patrimoine paternel en entier, au lieu de le partager avec des frères et sœurs, on a trop souvent recours à la voie des emprunts. Dirai-je tous les inconvénients et les inévitables suites de cette pratique? Le paysan qui a souscrit des lettres de change ou grevé son bien d'hypothèques, n'échappe jamais à une gène croissante; rarement il évite l'expropriation et la ruine; enfin, il expose son honnêteté et sa loyauté politique à une si redoutable épreuve, que bien petit est le nombre de ceux qui ont su les conserver intactes dans ces derniers temps. De cette unique circonstance sont provenus les succès éphémères et tout à fait inexplicables de certaines doctrines antisociales au sein d'une population si favorablement traitée par la Providence, et cependant la conscience du plus ignorant ne suffit-elle pas pour lui révéler l'éternelle vérité, si éloquemment exprimée, il y a près de deux mille ans, par Cicéron, dans le deuxième livre de son *Traité des devoirs* :

Quamobrem ne sit æs alienum quod reipublicæ noceat providendum est; quod multis rationibus caveri potest, non, si fuerit ut locupletes suum perdant, debitores lucrentur alienum. Nec enim ulla res vehementiùs rempublicam continet quàm fides, quæ esse nulla potest, nisi erit necessaria solutio rerum creditarum [1].

Mais ce ne sont là que de bien légères ombres au tableau, fruit de circonstances anormales, et cette population agricole peut être hardiment placée au nombre des classes laborieuses et rurales les plus favorisées, à côté de celles qui habitent la belle et riche Normandie, ou de celles qui cultivent soit la betterave dans la région du Nord, soit la garance dans Vaucluse et la Provence, soit la vigne et l'olivier dans les fertiles plaines du Languedoc et du Médoc. Le tableau que j'en ai tracé a été peint par moi, d'après nature. Il l'a été, j'en conviens, dans les lieux les plus propices à la culture du mûrier et à l'éducation du ver à soie, dans les lieux où la production de la soie obtient les plus grands et les plus constants succès : je veux dire dans ces fraîches et fécondés vallées des Cévennes, que baignent les diverses branches du Gardon, la Cèze, le Vidourle et l'Hérault, au milieu de ces villes célèbres dans la topographie séricicole, telles qu'Alais, Saint-Ambroix, Anduze, Vallerauguc, Ganges, le Vigan, etc., etc., qui produisent, sans contestation possible, les plus fines, les plus belles, les premières soies du monde. Mais ce tableau ne serait pas, après tout, trop infidèle, voulût-on l'appliquer aux autres populations dont l'industrie de la soie, pour les deux premières opérations du moins, con-

[1] Il faut donc pourvoir à ce que les dettes privées ne deviennent pas un péril pour la république : ce à quoi l'on peut parvenir par différents moyens, mais jamais en faisant que le riche perde du sien, et que le débiteur s'enrichisse du bien d'autrui. Rien ne consolide plus la république que la bonne foi ; or, la bonne foi n'existe plus du moment où il est porté la plus légère atteinte à la nécessité de payer ce que l'on doit.

stitue le principal emploi. Je ne voudrais en exclure que les localités où cette industrie, encore à l'état d'essai plus ou moins heureux, est loin d'être acclimatée jusqu'ici, et celles où elle ne constitue qu'une branche tout à fait accessoire et subordonnée de la production locale. Les contrées placées dans de telles conditions et les classes laborieuses qui les habitent ne peuvent, à vrai dire, recevoir le titre de séricicoles, et n'auraient pu fournir à mes études que des matériaux très-imparfaits.

IV.

Statistique de l'agriculture séricicole.

Ce qui prouve combien les populations ont cru à la favorable influence de l'agriculture séricicole sur leur bien-être, c'est l'accroissement rapide et anormal que cette culture a pris dernièrement en France. Le voici, autant que nous permettent de le mesurer, de **1820** à **1840**, les documents *officiels*, ce qui ne veut pas précisément dire *exacts*, du ministère de l'agriculture et du commerce.

En **1820**, le mûrier n'était cultivé que dans dix-huit départements, dont on trouvera les noms dans les tableaux qui seront donnés tout à l'heure, départements qui appartiennent tous, un seul excepté, à la région dite Midi oriental de la France. Depuis lors la culture de ce végétal a été introduite ou plutôt essayée avec plus ou moins de succès dans la Côte-d'Or et Seine-et-Oise, qui contiennent à eux seuls les trois quarts de ces nouvelles plantations; dans les Hautes-Alpes, la Dordogne, la Gironde, la Haute-Loire, le Jura, le Gers, le Haut-Rhin, le Calvados, la Vienne et le Loiret ; dans ce dernier département, ce ne serait pour le mûrier qu'une reprise de possession.

Le nombre de pieds de mûriers s'est élevé de **19,600,000**, en chiffre rond, à **24,800,000**, toujours en chiffre rond; ce qui établit un accroissement de **5,200,000**. Dans le Gard, lui seul, le nombre de pieds de mûriers aurait, d'après ce même document, plus que doublé, puisqu'il aurait passé de **2,800,000** à **5,700,000**. Quoi qu'il en soit, et sans vouloir me porter, en aucune façon, garant de ces détails statistiques, voici quelques chiffres, choisis, au milieu d'un véritable déluge de nombres, comme propres à donner une idée : 1° de l'importance de notre production séricicole en général ; 2° de ses diversités ou variétés locales les plus essentielles à connaître. (Ils sont extraits de la ***Statistique générale de la France***, vol. II, ***De l'agriculture***, pages **469**, **565**, **577**, **579**, **585**, **617**, **621**.)

DÉPARTEMENTS.	ÉTENDUE des CULTURES en hectares.	NOMBRE DE PIEDS de mûriers.	PRODUIT de KILOGRAMMES de la soie en cocons.	VALEUR TOTALE en francs.
	h. a.			
1 Gard	14,940 79	5,709,466	2,696,231	11,180,830
2 Drôme	6,212 »	5,170,704	2,565,352	8,253,356
3 Ardèche	5,602 53	2,000,000	1,765,121	7,413,508
4 Vaucluse	3,985 67	3,985,670	660,600 [1]	3,265,764
5 Hérault	2,592 »	2,497,944	1,248,972	3,920,059
6 Isère	2,073 »	1,314,186	539,507	1,640,829
7 Bouches-du-Rhône	1,456 »	1,039,560	519,730	1,675,567
8 Rhône	1,295 »	1,107,393	471,560	1,989,552
9 Ain	836 »	182,186	74,716	282,685
10 Var	786 41	294,443	491,750	1,564,620
11 Lozère	465 50	432,340	216,270	3,277,000
12 Aveyron	171 »	60,080	11,795	194,156
13 Basses-Alpes	125 »	74,972	84,823	296,881
14 Aude	44 44	11,062	5,872	16,280
15 Saône-et-Loire	37•65	84,000	1,354	5,597
16 Haute-Loire	32 »	32,000	1,610	8,050
17 Puy-de-Dôme	30 »	10,560	1,891	7,564
18 Loire	26 75	18,970	12,615	44,153
19 Pyrénées-Orientales	5 »	44,100	6,100	17,800
TOTAUX	40,716 74	24,069,694	11,395,910	42,292,131

Le département du Gard étant celui qui joue le rôle le plus important dans notre production séricicole, et en même temps celui qui a servi plus particulièrement de théâtre à mes observations, je crois devoir donner ici des chiffres qui le concernent, par arrondissement.

Arrondissement.	Hectares en culture.	Pieds de mûriers.	Kilog. de cocons.	Produit.
d'Alais	7,620 54	2,912,228	1,374,600	5,829,500
d'Uzès	4,549 »	1,738,605	818,820	3,275,280
du Vigan	2,182 41	835,919	392,815	1,669,464
de Nîmes	588 50	221,714	142,996	406,786
Totaux	14,940 79	5,709,466	2,696,231	11,480,850

Tous ces documents s'appliquent au Midi oriental de la France; quelques-uns de nos départements de la région dite du Midi occidental cultivent aussi les mûriers, mais la production séricicole y est, à vrai dire, très-peu importante, comme cela résulte du chiffre de la valeur totale, en francs, que donne la Statistique générale de l'agriculture et qui ne s'élève qu'à la somme de 449,419 fr., laquelle, réunie à celle ci-dessus donnée pour le Midi oriental et qui est de 42.281,621 [2], forme, pour le chiffre total de notre production en cocons, 42,731,040 fr.

Les quatre départements dont la production séricicole est, à beaucoup près, la plus considérable, sont donc, le Gard, la Drôme, l'Ardèche et Vaucluse, tous les quatre situés sur les rives du Rhône; deux à droite, le Gard et l'Ardèche; deux à gauche, la Drôme et Vaucluse.

[1] Ce chiffre est absurde, comme cela résulte de son désaccord choquant avec tous les autres.

[2] Mon addition me donne 42,292,131, au lieu de 42,281,621 ; mais, pour rester *conforme* à la Statistique générale, je crois devoir adopter son chiffre.

Ces quatre départements ont en hectares cultivés, savoir :

Sur une étendue totale de.....................	40,716 hect.	74 ares,
consacrés, en France, à la culture du mûrier, plus de la moitié, soit..............................	20,740	99
Sur une quantité de pieds de mûriers de..........	24,069,694	»
plus des deux tiers............................	16,865,840	»
Sur une production en kilog. de cocons, de........	11,395,910	»
aussi plus des deux tiers, soit....................	7,707,504	»
Enfin, sur une valeur totale de ces cocons de......	42,751,040 fr.	
bien près des trois quarts, soit....................	30,119,458	
Et le Gard, à lui seul, y entre pour..............	11,180,850	

c'est-à-dire pour plus du quart de la valeur totale produite en France.

J'arrive maintenant à quelques autres chiffres ayant pour objet de faire saisir les variétés ou diversités locales les plus importantes de la production séricicole.

NOMS des DÉPARTEMENTS.	PRODUIT en kilogram. de cocons par once d'œufs de vers à soie.	CONSOMMATION de feuilles de mûrier en kilogram. par once de ver	PRIX MOYEN EN FRANCE DU KILOGRAMME de cocons.	de feuilles de mûrier.
	kil.	kil.	fr. c	fr. c.
Gard........................	30	102	4 15	0 10
Drôme........................	40	500	3 20	0 20
Ardèche......................	33	1,800	4 20	0 07
Vaucluse	30	1,000	4 95	0 066
Hérault......................	35	500	3 15	0 05
Isère........................	36	625	3 05	0 05
Bouches-du-Rhône............	32	500	3 20	0 05
Rhône........................	40	1,000	4 20	0 05
Aveyron......................	33	542	4 50	0 023
Lozère.......................	33	500	3 00	0 05

Nous croyons inutile d'aller plus loin, vu le peu d'importance relative de la production des autres départements ; mais il ne m'est vraiment pas possible de produire ce tableau sans y joindre quelques réflexions et quelques conjectures, car sa simple lecture révolterait évidemment par son absurdité apparente ou réelle, non-seulement le moins intelligent de nos éducateurs méridionaux, mais le premier lecteur venu, pour peu qu'il y eût fait attention. Je n'ai pas précisément d'observation à faire sur la première colonne de chiffres, c'est-à-dire sur le nombre de kilogrammes de cocons produits *par once de vers mis à éclosion*.

Elle n'offre pas, après tout, d'inexactitude choquante. Il aurait seulement beaucoup mieux valu que le ministre demandât à ses correspondants locaux la quantité de cocons produite par chaque 100 kil. de feuilles de mûriers consommées, ou la quantité de kilogrammes de feuilles consommées pour produire 100 kil. de cocons ; car c'est là, à vrai dire, la question essentielle, la seule qui intéresse et préoccupe l'éducateur. Quant au nombre d'onces d'œufs de vers à soie qu'il met à éclosion, assez peu lui importe au fond, car c'est une bien faible portion de ses frais de revient, et la plupart de nos éducateurs n'hésitent pas, dans la prévision d'accidents très-communs, à faire éclore infiniment plus de vers que ne le comporterait la quantité de feuilles qu'ils ont à faire consommer. Mais la deuxième colonne du petit tableau précédent, que j'ai très-fidèlement extraite de documents statistiques, porte des chiffres qu'il ne serait sûrement pas possible de comprendre si l'on n'admettait un véritable et grossier malentendu entre les rédacteurs de la statistique et ceux qui leur ont transmis des documents locaux. Eh quoi! dans le Gard, les vers éclos d'une once d'œufs consomment de feuilles de mûriers 102 kilog. seulement, et dans l'Ardèche, *département contigu*, où tout se produit dans les mêmes conditions, ils en consomment 1,800 kilog., *dix-huit fois plus* à peu près! Et dans la Drôme, en face, dans des terrains séparés seulement par le Rhône, ils n'en consomment plus que 500, puis 1,000 dans Vaucluse, aussi tout à côté! Oh! évidemment tout ceci est trop fort, et je ne vois qu'une explication plausible : c'est 1° que dans le Gard un 0 *a été oublié*; 1,020 kilog. approchent en effet beaucoup de la consommation réelle d'une once d'œufs de vers à soie, quand ceux-ci sont bien menés et réussissent bien : les 1,000 kilog. de Vaucluse sont encore un chiffre acceptable; mais j'avoue ne pas trop comprendre les 1,800 de l'Ardèche, et encore moins les 500 de la Drôme, de l'Hérault, de l'Aveyron, de la Lozère et des Bouches-du-Rhône. Il n'est, je crois, aucune localité séricicole du Midi, où une once de vers à soie bien conduite, et donnant un produit raisonnable, c'est-à-dire depuis 30 jusqu'à 50 kilog. de cocons, ne consomme que 500 kilog. de feuilles de mûriers. Nos éducateurs auraient, hélas! bien souvent à rire s'ils perdaient leur temps, comme je le fais, à compulser les chiffres manipulés dans les bureaux de Paris.

Que diraient-ils, par exemple, de quelques-uns des chiffres de la dernière colonne du petit tableau que j'examine en ce moment? Ils seraient bien étonnés d'apprendre que la feuille de mûrier, dont le prix réel est toujours plus élevé, avec une assez forte proportion, dans le Gard, que dans la plupart des autres départements voisins, et plus particulièrement que dans la Drôme, se trouve indiqué à un prix plus faible de *moitié*, c'est-à-dire à 0,10 c. le kil. dans le Gard, prix assez exact, en effet, et à 0,20 c. le kil. dans la Drôme? De la feuille à 20 fr. les 100 kil.! Nous n'avons jamais ouï parler de pareille chose dans le midi de la France, si ce n'est lorsque dans un moment de détresse l'éducateur à bout de voie est contraint de payer la feuille tout ce que le vendeur en exige, sous peine de voir ses vers mourir de faim. La feuille à 20 fr. les 100 kil. forme le pendant du blé à 60 fr. l'hectolitre. D'un autre côté, le prix de 0,5 c. le kil., indiqué pour plusieurs départements, et par-dessus tout celui de 0,25 c. donné pour l'Aveyron, ne sont guère moins ridicules. Le prix réel du kilog. de feuilles, dans le Midi oriental, varie de 0,06 c. à 0,12 c.

Je n'examinerai plus qu'une dernière question :

Les chiffres statistiques qui viennent d'être donnés sont déjà assez anciens, puisqu'ils ont été publiés par le ministère de l'agriculture et du commerce en 1840, qu'ils avaient été probablement recueillis en 1838 et 1839, et reposent sur des moyennes prises de 1835 à cette même année 1840. Ne faut-il pas admettre dès lors qu'il a pu survenir depuis de notables changements, et se demander dans quel sens ils ont dû se produire ? Eh bien ! je serais assez disposé à croire, pour mon compte, que ces changements ont été peu considérables. Je ne pense pas, en un mot, que la production de feuilles et de cocons ait beaucoup augmenté, ou du moins qu'elle ait augmenté dans une proportion analogue à celle que nous avons admise de 1820 à 1840. Voici pourquoi :

La culture du mûrier et la réussite des éducations de vers à soie exigent certaines conditions assez limitées de climat et de température, ce qui ne permet pas que l'une et l'autre, mais surtout la dernière, se propagent et s'étendent à volonté. On a bien souvent essayé d'introduire cette branche d'industrie agricole dans des contrées où elle a d'abord fait naître les plus belles espérances ; mais ces espérances ne se sont presque jamais réalisées, et la culture séricicole a toujours fini par s'en exiler d'elle-même après un certain temps d'efforts infructueux.

Là même où cette séduisante production est depuis longtemps acclimatée, et où elle est devenue complétement indigène, on a, dans les vingt ans qui ont suivi la paix générale de 1815, si fort multiplié les plantations, que le sol commence à y manquer pour en faire de nouvelles. On ne peut, en effet, se promettre que de très-médiocres résultats, lorsqu'on veut exécuter ces plantations dans des terrains qui ont déjà porté une génération et surtout deux générations de mûriers. La culture vraiment forcée au moyen de laquelle on hâte la croissance de ces arbres, la taille annuelle et si hardie à laquelle on les soumet, et la double cueillette de leurs feuilles, une première fois au printemps pour le ver à soie, une seconde en automne, au moment de sa chute, pour le bétail, toutes ces circonstances réunies ont fini par porter une sérieuse atteinte à leur longévité naturelle, et même, s'il faut en croire nos éducateurs les plus expérimentés, aux qualités nutritives de la feuille ; c'est-à-dire que d'après eux il faudrait aujourd'hui, pour produire la même quantité de kil. de cocons, une plus forte quantité de kil. de feuilles qu'autrefois.

Je ne serais donc pas surpris, je le répète, que le prodigieux accroissement de la production séricicole de 1815 à 1840 se fût un peu arrêté, et que les résultats d'aujourd'hui ne différassent pas autant qu'on pourrait le croire de ceux constatés pour l'époque précitée.

TYPOGRAPHIE HENNUYER, RUE DU BOULEVARD, 7. BATIGNOLLES,
Boulevard extérieur de Paris.

ÉTUDES ÉCONOMIQUES

SUR

L'INDUSTRIE DE LA SOIE

DANS LE MIDI DE LA FRANCE,

PAR M. DE LA FARELLE.

EXTRAIT DU JOURNAL DES ÉCONOMISTES, JUILLET-AOUT 1852.

PARIS

CHEZ GUILLAUMIN, LIBRAIRE,

Éditeur du *Dictionnaire d'Economie politique* et de la *Collection des principaux économistes*,

Rue Richelieu, 14.

1852

ÉTUDES ÉCONOMIQUES

SUR

L'INDUSTRIE DE LA SOIE

DANS LE MIDI DE LA FRANCE.

SECONDE ÉTUDE.

DES CLASSES LABORIEUSES VOUÉES A LA FILATURE ET A L'OUVRAISON DE LA SOIE.

I.

Filature du cocon [1], sa nature, révolution produite par l'emploi de la vapeur.

Sera-ce dans le domaine de l'industrie agricole, ou dans celui de l'industrie manufacturière, que nous placerons la filature de la soie ou dévidage du cocon? Elle est sur la limite de l'un et de l'autre, et si cette question m'avait été posée, il y a trente ou quarante ans, j'aurais été, j'en conviens, fort embarrassé pour la résoudre. Selon toute apparence, je l'eusse tranchée à l'avantage de la première, considérant cette opération comme un simple complément de l'éducation du ver et de la production du cocon, comme une dernière façon donnée par l'éducateur lui-même au produit de sa récolte : et il en était bien réellement ainsi à cette époque. Aussitôt que cet éducateur avait détaché ses cocons de la bruyère, et après les avoir passés au four pour en étouffer les chrysalides, il se mettait, sans désemparer, à les filer dans un petit atelier domestique, établi tantôt sous un hangar, tantôt sous une simple tente, mais presque toujours attenant à sa demeure. — Composé de un à cinq ou six *tours* (c'est le nom indigène du métier à filer le cocon), principalement desservi par la femme, les filles et les autres auxiliaires accoutumés de l'éducateur, cet atelier domestique fonctionnait pour l'ordinaire et suivant l'importance de la récolte, pendant un, deux ou trois mois ; après quoi tout rentrait à la ferme dans l'ordre accoutumé, et l'éducateur ne songeait qu'à se défaire au

---

[1] La filature de la soie devrait porter le nom de dévidage des cocons : on l'appelle dans l'idiome languedocien *tirage ;* nous lui conserverons son appellation la plus commune, qui n'amène, après tout, aucune confusion.

TIMBRE

plus vite de son petit ballot de *trame* : c'est ainsi que l'on nomme la soie un peu commune et forte, qui se produisait le plus habituellement dans ces sortes d'ateliers. Les tours à filer que l'on y employait avaient chacun une petite cuve en cuivre, dite bassine, chauffée au moyen d'un petit fourneau à charbon de pierre, pour y détremper le cocon dans l'eau bouillante avant d'en détacher le brin, et puis, en avant du fourneau qui supporte cette bassine, une petite roue pour recevoir le brin de soie et le réunir en écheveau. Une première ouvrière, appelée *fileuse*, détachait et détache encore aujourd'hui ce brin avec une merveilleuse dextérité; une seconde ouvrière faisait tourner la roue et portait le nom de *tourneuse*. Telle était la pratique générale, mais non pas universelle cependant des pays séricicoles; car il y avait dès lors, dans les localités les plus adonnées à la production du cocon, quelques établissements de filature de nature un peu différente : ils étaient établis sous de plus vastes hangars, possédaient depuis dix jusqu'à cinquante tours, construits du reste et desservis comme ceux qui viennent d'être décrits, et produisaient en général des soies plus fines, connues sous les noms de *tramettes* et *d'organsins*. Ces ateliers, qui fonctionnaient jusqu'aux approches de l'hiver, c'est-à-dire pendant quatre à cinq mois, et qui fonctionnaient pour le compte d'un entrepreneur d'industrie appelé fileur ou plutôt filateur, constituaient bien déjà des espèces de fabriques ou usines manufacturières, à l'état rudimentaire : mais elles ne formaient, en quelque sorte, que l'exception, non la règle, et ne pouvaient, ce me semble, prétendre à l'honneur de caractériser, de qualifier la seconde opération de l'industrie de la soie. Mais, dès les premières années de la Restauration, et dans un fort court espace de temps, cet ordre de choses fut gravement modifié par un fait qui a depuis lors révolutionné aussi nos systèmes de viabilité, de navigation, et nos trois grandes industries textiles du coton, de la laine et du chanvre. Je veux parler, comme on l'a sans doute pressenti, de l'emploi de la vapeur. La vapeur, avant même de devenir le moteur des mécanismes consacrés au dévidage du cocon, fut très-ingénieusement employée à chauffer l'eau des bassines, au moyen de son calorique latent. On y gagne une économie des trois quarts dans les frais de chauffage, et la suppression de tous les inconvénients de la fumée du petit fourneau pour la beauté et le lustre de la soie.

Plus tard, la machine à piston, ou à son défaut une double et puissante manivelle, mue par quatre hommes qui se relayent, vint à son tour bannir et remplacer la *tourneuse* : or, c'étaient là des perfectionnements qui n'étaient applicables, on le comprend tout de suite, qu'à des ateliers de quelque importance, et qui exigeaient l'emploi d'un capital assez considérable, c'est-à-dire d'avance qu'ils durent nécessairement amener, par une concurrence écrasante, la suppression presque instantanée de tous les petits ateliers domestiques, leur remplacement par les nombreuses et vastes usines qui fonctionnent de nos jours, et le passage définitif du dévidage du cocon, du domaine de l'agriculture dans celui de l'industrie proprement dite.

Cette transformation radicale que je ne flétrirai pas du nom de révolution, puisqu'elle a été pacifique et bienfaisante, quoique brusque et complète, ne s'accomplit pas, néanmoins, sans susciter beaucoup d'alarmes et sans provoquer beaucoup de clameurs soit de la part de la classe ouvrière, soit de la part de tous les producteurs de cocons. Par la suppression subite de toutes les tourneuses, la classe ouvrière se crut inévitablement et profondément atteinte dans ses intérêts les plus chers, dans son plus précieux moyen de subsistance; mais grande était son erreur, qui fut bien vite dissipée, du reste. Tel fut, en effet, le prodigieux accroissement des tours à desservir, que les tourneuses, bien loin d'être renvoyées des ateliers, passèrent toutes fileuses d'emblée, ce qui éleva tout à coup leur salaire quotidien de 1 fr. à 1 fr. 50 c. Or, cet avantage n'était auparavant obtenu qu'après trois ou quatre années d'apprentissage. Et cela ne suffit même pas encore aux besoins du marché; si bien qu'une foule de familles soit de la campagne, soit des bourgs et des petites villes, qui étaient restées jusqu'alors étrangères à la filature de la soie, furent amenées, par l'appât d'un gain aussi considérable, à y faire participer leurs femmes et leurs filles. La saison de la filature de la soie s'étendit d'ailleurs, de trois mois, sa durée moyenne jusqu'alors, à six ou sept mois tout au moins. Il y a même bon nombre d'ateliers aujourd'hui qui, bien vitrés, bien clos et bien éclairés, filent durant l'année entière ou ne se ferment que pendant le court espace de l'éducation du ver à soie. Ainsi furent donc heureusement et promptement dissipées les tristes appréhensions de la classe ouvrière.

Il en fut absolument de même de celles encore plus bruyamment manifestées par la classe des éducateurs. A les en croire tout d'abord, la disparition forcée de la filature domestique et à domicile les devait livrer pieds et poings liés à la merci des entrepreneurs de la filature en grand, de la filature manufacturière. En effet, comment résister dorénavant à l'avantage que donnaient à ceux-ci leurs capitaux, leur habileté, et leur inévitable concert! Comment débattre avec eux, à conditions tant soit peu égales, le prix de la matière première, de ces cocons qui ne sauraient être ni emmagasinés, ni conservés, qu'il faut livrer à tout prix dans les quarante-huit heures de leur maturité! Ils se voyaient donc déjà pressurés, opprimés, exploités par ces monopoliseurs de la production de la soie. Mais, ici encore, cette fantasmagorie si effrayante en théorie se dissipa sans retard devant la réalité des faits. On n'avait tenu compte, dans cette émotion des intérêts menacés, ni de la concurrence inévitable qui allait se déclarer entre un si grand nombre d'entrepreneurs de filature, ni de la nécessité d'acheter, que leur imposerait le gros capital par eux immobilisé dans une usine coûteuse et dans son tout aussi coûteux outillage; on n'avait pas prévu non plus que des ateliers nombreux seraient construits tout exprès et à cette seule fin de filer les cocons de tout éducateur qui, peu satisfait du prix courant du marché, voudrait les faire filer pour son propre compte et moyennant un prix de façon. En somme, les producteurs de cocons, contre leur attente et en dépit de leurs alarmes prématurées, ont obtenu et conservent évidemment tout l'avantage du marché.

Tout est donc pour le mieux jusqu'ici, puisque les deux classes laborieuses qui nous occupent, celle vouée à l'éducation du ver, et celle consacrée à la filature du cocon, ont vu se maintenir ou même s'accroître, l'une ses bénéfices, et l'autre ses salaires, ce qui leur a permis d'ajouter graduellement à leur bien-être et même à leurs jouissances. Que de jeunes artisannes nous avons pu voir, depuis lors, parées le dimanche, de ce fil précieux qu'elles ont filé pendant les six jours de la semaine! que d'éducateurs qui se rendaient modestement à pied vers le marché hebdomadaire, y sont arrivés depuis à cheval ou en char! Mais il est une dernière question qui restait à résoudre, et qui a bien son importance après tout : c'est la question de moralité et de dignité personnelle; examinons-la.

II.

Ateliers de filature; état moral de leur élément personnel.

J'étais bien jeune encore lorsque les changements capitaux racontés ci-dessus s'accomplissaient dans mon pays natal, l'un des points du midi de la France où la culture du mûrier et la production du cocon sont le plus répandues et le plus perfectionnées. J'étais bien jeune, sans doute, mais j'étais déjà le fervent disciple des Adam Smith, des Baptiste Say, Malthus, de Sismondi, Droz, etc.; j'avais vu, d'ailleurs, de mes propres yeux, nos principaux centres de production manufacturière, et les populations qui s'y accumulent ou qui les environnent. Ce fut donc avec un véritable sentiment d'effroi que je retrouvai tout à coup mon pays natal, après quelques années d'absence, envahi par le dieu des temps modernes, le génie manufacturier. Bien volontiers j'aurais admiré, sans doute, ainsi que je le fais aujourd'hui, cette multitude de constructions nouvelles, toutes éclatantes de blancheur, qui s'étaient élevées comme par enchantement au milieu de nos verts massifs, aux bords de nos torrents, sur les flancs de nos coteaux. Leurs cheminées gigantesques, s'allongeant bien au-dessus des plus grands arbres, avec leur constant panache de fumée; leurs façades percées à jour par de nombreux et hardis portiques qui laissent voir à l'intérieur l'éblouissant coup d'œil de l'atelier; ces longues files de dévidoirs alignés, dont l'écheveau doré ressemble si fort, dans sa rapide évolution, à une flamme tournoyante, à un éclair circulaire et continu ; le bruit strident et monotone de tous ces rouages de fer que l'on dirait être l'accompagnement obligé du chant presque jamais interrompu des fileuses ; ce chant lui-même rustique, plaintif et lent, mais qui devient à distance singulièrement doux et mélodieux ; tout enfin donnait au paysage une animation, une originalité, une couleur locale, bien faites pour émouvoir un cœur et une imagination de vingt ans ; mais je me sentais trop préoccupé de sentiments et d'images d'une nature toute différente, pour pouvoir être alors accessible à une si charmante émotion. C'en est donc fait ! me disais-je, en contemplant ce spectacle si vivant et si nouveau ; voilà nos belles, nos heureuses, nos innocentes campagnes devenues la conquête, pour ne pas dire la proie de l'industrialisme contemporain ; voilà nos bons et robustes paysans, jusqu'à ce jour économes, rangés et étrangers à la débauche et à l'ivrognerie, sains de corps et d'esprit en un mot, les voilà sur le point de se transformer en population manufacturière ! Et nos mères de famille, nos jeunes filles jusqu'ici modestes, réservées, pudiques, les voilà prêtes à se métamorphoser en ouvrières de fabrique ! En ouvrières de fabrique ! oh ! que ce seul mot éveillait en moi de pénibles souvenirs et de cruelles alarmes ! qu'il faisait naître dans ma pensée assombrie de tristes pressentiments, de fâcheuses prévisions et de désolantes images ! Eh bien ! fort heureusement, et Dieu merci, moi aussi je me trompais comme l'avaient fait tous les autres. Trente ans se sont écoulés depuis lors, et de bien bon cœur je dois le reconnaître, moi aussi je n'avais pas tenu compte de tous les éléments du problème économico-social qui allait se résoudre dans mon pays. Voici ce que je n'avais pas fait entrer dans mes prévisions spéculatives, et ce qui explique comment en dernière analyse les populations vouées à la production séricicole ont pris à l'industrie ce qu'elle a de bon : le mouvement, l'aisance, la vie, sans subir ce qu'elle a de mauvais, la corruption des mœurs et l'invasion du paupérisme. C'est d'abord et surtout la succession constante et périodique des travaux agricoles et des travaux industriels, leur combinaison ou association perpétuelle, l'emploi que font ces deux natures de travaux du même élément personnel.

Et puis encore, la constitution et les habitudes de l'atelier où se file le cocon, si différentes, comme on va le voir, de celles de tout autre atelier manufacturier proprement dit.

Mais ceci mérite, exige même quelques développements plus particuliers et plus spéciaux, car nous sommes, à vrai dire, au cœur même de la question économique et sociale la plus délicate de notre temps.

Si donc la filature de la soie présente un tableau à ce point différent de celui qui nous est offert par la population des usines consacrées à l'œuvre correspondante de toutes les autres industries textiles, cela tient, selon moi, aux circonstances et conditions suivantes :

1° A un très-petit nombre d'exceptions près, la filature de la soie ne dure pas toute l'année. Pendant toute la belle saison, pendant trois ou quatre mois, tout au moins, elle rend ses ouvrières à la vie fortifiante et moralisatrice des champs. C'est au sein du labeur agricole que les esprits et les corps vont annuellement se retremper.

2° La filature du cocon n'interrompt pas non plus, d'une façon absolue pour ses ouvrières, la vie de ménage et d'intérieur. Sans doute les fileuses se rendent à l'atelier dès quatre heures du matin pour n'en sortir définitivement qu'à sept heures du soir ; mais, dans cet intervalle, elles rentrent deux fois chez elles pour y passer une heure chaque fois ; or, cette heure, dont leur repas emploie le quart tout au plus, est consacrée à préparer les aliments de la famille, soigner les enfants, vaquer, en un mot, aux soins ordinaires du ménage ; on voit même beaucoup de fileuses qui, après leur rentrée du soir au logis conjugal ou paternel, et en dépit d'un travail antérieur de treize heures, ont encore le courage de veiller jusqu'à dix ou onze heures, pour blanchir, réparer ou confectionner les vêtements domestiques.

3° Quelques-unes de ces ouvrières, venues de la campagne ou des hameaux les plus voisins, ne rentrent chez elles que le soir et prennent leur repas à l'atelier; d'autres enfin, mais c'est à beaucoup près le plus petit nombre, appartenant à des villages un peu plus éloignés, ne retournent dans leurs demeures que le samedi soir, pour revenir à l'usine le lundi matin. Alors elles prennent domicile chez de bons et honnêtes artisans du bourg ou de la petite cité qui renferme l'atelier. Là, on leur fournit une modeste chambre où elles couchent plus ou moins nombreuses, et on leur donne, comme au soldat de passage, place au feu et à la lumière. Je n'ai jamais ouï dire que cette pratique eût rien de contraire au maintien de leur moralité et de leur bonne santé.

4° La composition de l'atelier contribue, en outre, singulièrement aux heureux résultats que je constate. D'abord, les mères et leurs filles s'y trouvent presque toujours réunies, et je n'ai pas besoin de faire remarquer tout l'avantage moral qui en résulte, tant pour les unes que pour les autres.

Ensuite, les fileuses n'appartiennent pas exclusivement, bien s'en faut, aux classes pauvres de la société : ce ne sont pas seulement les femmes et les filles des ouvriers terrassiers, des prolétaires agricoles qui peuplent l'atelier; elles s'y trouvent confondues avec celles de tous les artisans ruraux ou citadins, tels que maçons, charpentiers, menuisiers, serruriers, ébénistes, horlogers même, comme aussi avec celles d'une foule de bons petits propriétaires, fermiers et colons partiaires des environs.

5° Enfin, il arrive assez communément que la femme et les filles de l'entrepreneur de la filature, qui sont, pour l'ordinaire, de véritables dames et demoiselles, ayant reçu une éducation soignée, passent elles-mêmes la journée entière dans l'atelier pour le surveiller et le diriger, de concert avec le patron. Sans doute, cette présence et cette surveillance ont pour principal objet l'assiduité et la bonne qualité du travail ; mais on comprend sans peine combien elles doivent avoir une heureuse influence sur le maintien de la décence et la préservation des bonnes mœurs. Irai-je jusqu'à prétendre que la vie de l'atelier, même dans des conditions aussi favorables, demeure innocente de tout abus, de tout désordre et de toute chute? non certes, et mon optimisme ne saurait aller jusque-là. Mais ce que je crois pouvoir affirmer, c'est que le nombre de ces chutes est relativement petit, que le développement anormal de la filature du cocon l'a faiblement accru, et que la plupart de *celles* qui succombent aux périls de l'atelier y étaient probablement fort prédisposées par leurs penchants naturels ou par leurs antécédents moraux.

Avant d'abandonner ce sujet, je dois prévoir et prévenir quelques objections qui pourraient bien être faites à la vérité de mes peintures et à la justesse de mes appréciations. Je ne l'ai point dissimulé, le principal siége de mon étude a été le pays où la culture du mûrier et le dévidage du cocon sont tout à la fois le plus répandus et le plus avancés ; mais n'était-ce pas là mon droit et mon devoir d'observateur économiste? m'était-il même possible de décrire minutieusement, et l'un après l'autre, tous les lieux qui servent de théâtre à l'un et à l'autre dans nos dix-huit départements séricicoles du Midi ?

Il est donc bien vrai que les choses ne se passent pas d'une manière tout à fait aussi satisfaisante dans toutes les localités où l'on récolte de la feuille de mûrier et où l'on produit de la soie. Les grandes et belles usines où de puissantes machines à vapeur chauffent des centaines de bassines et meuvent tout autant de dévidoirs, ne s'y rencontrent pas encore partout ; elles n'ont point remplacé et banni partout les modestes ateliers domestiques, avec leurs petits fourneaux à charbon et leurs dévidoirs mus par des tourneuses : ce n'est pas même un grand malheur, à mon sens, puisque ces ateliers, pour la production des soies communes, tout au moins, parviennent à soutenir la concurrence écrasante des vastes ateliers, et conservent à la filature du cocon quelque chose de sa nature agricole. Ce que je regrette infiniment moins de voir disparaître, je l'avoue, ce sont certains ateliers, derniers restes d'une industrie locale en complète décadence, que l'on trouvait encore, il y a peu d'années, dans quelques centres manufacturiers depuis longtemps voués au tissage de la soie, et où l'élément personnel de la filature manquait à peu près totalement. Là, cette industrie s'opérait trop souvent dans des conditions tout à fait opposées à celles que j'ai décrites. Les ouvrières qu'elle employait, bien loin d'être du pays même et d'appartenir aux familles aisées de la localité, étaient racolées au loin et transportées par troupes dans la cité populeuse, siége de la filature. Elles quittaient leur domicile, leurs parents, leurs maris, leurs enfants, leurs habitudes, tout ce qui pouvait les protéger contre le péril de leur nouveau séjour, pour y venir vivre de la vie des plus pauvres et des plus malheureuses ouvrières de fabrique. C'est dans les plus misérables cantons séricicoles des hautes Cévennes (Lozère), ou du Vivarais (Ardèche), que certains entrepreneurs de filature allaient recruter le personnel de ces ateliers, et c'est dans la partie la plus besoigneuse de la population que s'opérait ce recrutement. Il ne pouvait pas en être autrement, en effet. Nos fileuses des bons pays séricicoles ne quitteraient pas leur famille et leur maison, leur offrît-on des salaires quotidiens de 2 f. et 2 f. 50 c.; mais les pauvres créatures que l'on exportait du sein de leurs montagnes dans la grande ville de la plaine étaient un véritable *caput mortuum*, même aux lieux où on les avait prises, et se contentaient d'un salaire égal et le plus souvent inférieur à celui que j'ai signalé plus haut. Comme c'était pour réaliser une petite épargne qu'elles consentaient à tous les ennuis d'une émigration annuelle de quatre ou cinq mois, elles se résignaient à un genre de vie qui ne serait rien moins que supportable pour les fileuses des bons endroits. Elles s'entassaient au nombre de dix, de douze, de vingt et même de trente, dans de misérables galetas fournis par le chef de l'établissement, ou loués chez des logeurs; elles y couchaient deux ou trois dans le même lit, et le plus souvent sur de la paille fraîche étendue par terre, ce qui est, du reste, évidemment préférable pendant la chaude saison, sous un climat aussi ardent. Elles prenaient tous leurs repas à l'atelier, vivant de mauvais fruits, de légumes de rebut, d'aliments cuits dans la bassine même où surnageaient les chrysalides des cocons filés par elles. Quant à leurs vêtements et à leur linge, elles attendaient le plus souvent d'être revenues au bord du torrent de leurs montagnes pour les y purifier des souillures et de l'odeur de l'atelier. Il faut croire, du reste, que ces usines dont l'aspect affectait péniblement les yeux et le cœur de l'économiste, ne fonctionnaient pas non plus dans des conditions industrielles très-favorables, car le nombre en a toujours été diminuant. Nîmes filait jadis beaucoup de soie : aujourd'hui, le tissage et ses nombreuses variétés en ont presque banni le dévidage, et l'on n'y rencontre pas une seule usine de moulinage. Il n'y reste plus que cinq établissements de filature, possédant ensemble 150 bassines, et, par conséquent, desservis par 150 fileuses. Ces ouvrières sont toutes prises sur place aujourd'hui; elles sont recrutées au sein d'un certain nombre de familles séricicoles des Cévennes ou du Vivarais, qui ont émigré tout de bon de leurs vallons de montagnes pour se fixer dans la cité industrielle où elles se sont créé, outre cette ressource, quelques autres moyens d'existence permanents. D'autres sont de jeunes filles qui, servant dans les maisons bourgeoises de la ville et originaires des mêmes contrées, ont appris, dans leur enfance, à filer le cocon. Elles abandonnent leur place par l'appât d'un salaire quotidien de 1 fr. 50 c., qui se continue pendant 100 à 120 jours, et, après la clôture de l'atelier, elles se remettent en service jusqu'à l'époque où il doit se rouvrir [1]. Tout cela ne constitue pas, sans doute, un élément personnel comparable à celui que j'ai fait précédemment connaître; mais ce nouvel état de choses est cependant fort supérieur sous tous les rapports, c'est-à-dire tant au point de vue moral et économique qu'au point de vue industriel lui-même, à celui qu'il a remplacé. Des améliorations d'un autre ordre sont, d'ailleurs, venues se joindre à celles-là, et la propreté comme la discipline ont fait dans les ateliers de sensibles et satisfaisants progrès [2].

Je dirai donc, pour me résumer en peu de mots et en partant de cet adage si connu, *l'exception confirme la règle*, que si la filature du cocon est bien réellement devenue, dans ces derniers temps, une œuvre tout industrielle, toute manufacturière, la classe laborieuse qui l'accomplit a, du moins, eu la sagesse ou la bonne fortune de demeurer, par ses qualités physiques, intellectuelles et morales, population agricole et, qui plus est, population agricole de premier ordre. C'est dire qu'elle a su se maintenir à un niveau relativement très-élevé de bien-être matériel, de connaissances spéciales ou professionnelles, de moralité et de dignité.

---

[1] Les fileuses gagnent 1 fr. 50 c. à Nîmes, comme à Alais, Anduze, Saint-Jean-du Gard, etc.; elles ne gagnent que 1 fr. 25 c. à Uzès et en beaucoup d'autres localités.

[2] Ces heureux changements, qui ne remontent pas au delà de cinq ou six ans, expliquent l'infidélité apparente et actuelle du tableau tracé de l'industrie du dévidage dans le midi de la France, par un observateur en général sage et consciencieux, M. le docteur Villermé. Lorsque après avoir décrit à mon tour les ateliers consacrés à la filature du cocon dans les pays séricicoles, tels qu'on peut les voir dans les arrondissements d'Alais, d'Uzès, du Vigan, dans la Drôme, dans Vaucluse et dans l'Ardèche, je me suis remis sous les yeux ce qu'en dit le docte académicien dans son estimable ouvrage sur l'état physique et moral des ouvriers, je me suis d'abord *effrayé* de notre complet désaccord; mais je n'ai pas tardé à reconnaître qu'il s'expliquait en très-grande partie par l'*époque* et le *lieu* de ses observations: l'époque (1838), était antérieure aux changements sus-mentionnés; le *lieu*, Nîmes, était on ne peut plus mal choisi, c'était inspecter les *goujats* de l'armée au lieu de ses *grenadiers*; et même, après tout cela, je trahirais ma conviction si je n'exprimais la pensée que le savant voyageur a été ou très-malheureux, ou très-mal dirigé dans le choix des ateliers qu'il a visités à Nîmes en 1838, et qu'il nous décrit aux pages 344, 345 et 346 de son premier volume. A l'appui de cette conjecture, je ne citerai *qu'une pièce*, c'est la note qu'il a mise au bas de la page 345 : « J'ai vu, y dit-il, à « Nîmes, dans un atelier de tirage de la soie où il y avait *quatre* fourneaux ou bassines, « une vieille femme bossue et trois jeunes filles très-pâles, dont *deux* contrefaites, qui « servaient chacune de moteur aux dévidoirs. » Quel atelier, bon Dieu! et combien n'a-t-il pas fallu jouer de malheur pour le choisir au milieu de tant d'autres!

III.

Influence des événements de 1848 sur la situation des pays séricicoles.

Tout ce qui précède est vrai, mais l'était plus encore, il y a quatre ans. Convenons-en, toutefois, la révolution de 1848 n'a point réalisé, à l'endroit de l'industrie séricicole, toutes les tristes prévisions qu'avaient pu et dû concevoir les esprits les plus calmes et les plus sensés. Il leur avait d'abord paru que cette industrie, toute de luxe, serait inévitablement la plus vite et la plus fortement atteinte, ou, pour mieux dire, qu'elle allait être frappée à mort ; il leur avait paru que sa condition était beaucoup plus mauvaise, dans de telles circonstances, que celle de toutes les autres branches de la production nationale, chargées de pourvoir aux besoins fondamentaux et de première nécessité du corps social, tels que l'alimentation, le vêtement commun, le logement, etc. Ils ne doutaient pas, par conséquent, que les producteurs de céréales, de vin, de viande, d'étoffes de coton ou de laine, n'eussent bien moins à souffrir et à perdre dans cette grande et universelle commotion, que les producteurs de la soie de toutes les classes. Or, comme chacun le sait aujourd'hui, c'est précisément le contraire qui est arrivé. Les céréales, les vins d'ordinaire, la viande, le bétail, le fer, les tissus communs de laine et de coton, voilà précisément les produits le plus gravement et le plus universellement dépréciés par la grande crise politique et sociale de 1848. Phénomène économique vraiment curieux, qui peut d'abord paraître on ne peut plus singulier et presque inexplicable, mais dont j'oserai cependant proposer les explications suivantes.

Ne serait-ce pas, d'abord, que les denrées fondamentales et les autres articles de première nécessité pour l'existence physique des populations, alimentent surtout le marché intérieur ou national, lequel a été profondément troublé, tandis que les objets de luxe, de confort et de goût s'écoulent bien plus facilement à l'extérieur, et vont alimenter un marché qui était demeuré à peu près intact ? Nos soieries, par exemple, n'ont-elles pas précisément, pour leurs principaux débouchés, les Etats-Unis, l'Angleterre, l'Espagne et la Russie, qui n'ont jusqu'ici payé aucun tribut aux perturbations de l'Europe centrale ? Ne peut-on pas supposer, en outre, relativement au marché intérieur, que les révolutions agissent sur le commun des hommes comme le font les autres fléaux les plus terribles de l'humanité, comme la peste et le choléra qui surexcitent, au lieu de les éteindre, tous les besoins sensuels, et ceux du luxe comme les autres?

Quoi qu'il en soit, et pour en revenir à mon sujet, la révolution de Février a beaucoup plus épargné l'industrie de la soie qu'il n'était rationnellement permis de l'espérer. Des trois principales classes intéressées à sa prospérité, une seule, à vrai dire, a sérieusement souffert, celle des éducateurs du ver à soie ou producteurs du cocon, classe très-intéressante et très-nombreuse à la vérité, puisqu'elle embrasse tous les propriétaires, grands ou petits, et tous les fermiers ou colons partiaires. Ils ont été frappés dans leurs revenus ou leurs bénéfices, en ce que le prix du cocon s'est abaissé. Cette dépréciation avait même eu lieu d'abord dans une proportion bien effrayante et tout à fait inouïe, même pour les plus âgés de nos éducateurs vétérans. L'abaissement du prix des cocons fut en effet, en 1848, de *près des deux tiers* ; en 1849 et 1850, la diminution n'a plus été que d'un quart environ ; et, en 1851, d'un cinquième. Mais les producteurs de cocons ont payé tribut à la détresse générale à bien d'autres titres, car ils sont aussi producteurs de blé et de vin, éleveurs et nourrisseurs de bétail, et, sous tous ces rapports, ils n'ont été ni mieux, ni plus mal traités que toutes les autres classes agricoles de France. Tel n'a pas été, au contraire, le sort des entrepreneurs de la filature du cocon et celui des ouvriers des deux sexes employés dans leurs ateliers.

Les premiers ont tout d'abord fait une magnifique campagne industrielle en 1848. Et voici comment les cocons de cette récolte leur furent vendus vers la fin de juin, au bruit terrible de la canonnade et de la fusillade des rues de Paris, dont les échos épouvantaient la France entière : aussi en payèrent-ils 2 fr. le kilog., ou moins encore, au lieu de 5 fr., prix ordinaire et moyen des années précédentes. Mais quelques mois après, le pays se reprenant à la vie et à l'espérance, les commandes arrivant à Lyon d'Angleterre et des Etats-Unis, la valeur vénale des soies se releva, et les entrepreneurs de filature, qui avaient beaucoup acheté, non sans craintes graves cependant, obtinrent d'énormes profits ; depuis lors, ils n'ont pas, à la vérité, obtenu d'aussi beaux bénéfices, mais enfin, ils ont toujours trouvé le jour de vendre à un prix rémunérateur.

Quant aux ouvriers des filatures, et particulièrement aux fileuses qui en composent le personnel dans la proportion de plus des 5/6es, leur sort a été plus heureux encore. En effet, tandis que tous les objets de leur consommation usuelle baissaient considérablement de prix, leur salaire quotidien demeurait absolument le même, n'était pas affaibli d'un centime. Il y a mieux : le nombre de leurs journées de travail augmentait, grâce à un fait commercial nouveau dont il me reste à rendre compte. Jusqu'ici, les ateliers de filature avaient exclusivement opéré sur de la matière première achetée sur place ou dans un rayon très-restreint. Le cocon passait à bon droit pour une marchandise on ne peut plus difficile à transporter ; c'était tout au plus un voyage de quelques heures, d'un jour, de deux jours, au maximum, que l'on se hasardait à lui faire accomplir ; on ne saurait, en outre, se faire une juste idée de toutes les précautions exigées pour ce transport : 1° le cocon ne devant jamais être pressé ou comprimé, à cause de la chrysalide qu'il renferme et qui en tacherait, en se dissolvant, le délicat tissu, on a grand soin de ne pas trop l'accumuler dans les vastes corbeilles d'osier, faites tout exprès pour servir à son charroi ; 2° il ne doit pas être non plus exposé aux ardeurs du soleil qui, en faisant *fondre* la chrysalide, produiraient le même fâcheux résultat qu'une trop forte compression ; 3° il doit, sur toute chose et à tout prix, être tenu à l'abri de la pluie et même du brouillard. Des cocons mouillés et humides sont une marchandise profondément avariée, pour ne pas dire perdue. Voilà où l'on en était, il y a trois ou quatre ans à peine, touchant la question du transport des cocons à petites distances. Eh bien! depuis lors, tout cela se trouve changé ou prêt à changer, et nos ateliers de filature, à la grande stupéfaction de nos éducateurs, dévident aujourd'hui des cocons récoltés dans les plaines de la Syrie et dans les vallées du Liban. Expliquons ce fabuleux événement industriel et commercial.

Des spéculateurs européens (je le suppose, du moins, et ne puis en faire honneur à l'esprit inventif des Turcs, des Druses ou des Maronites) ont trouvé le moyen de rendre les cocons une marchandise essentiellement transportable, par le procédé suivant, qui est aussi simple qu'ingénieux. Les cocons de l'Asie Mineure sont étendus sur le sol en couches légères et demeurent exposés aux rayons de ce soleil brûlant jusqu'à ce que la chrysalide en soit, non pas seulement asphyxiée, comme dans nos fours et étouffoirs indigènes, mais réduite à l'état le plus complet, le plus absolu de dessiccation. Ce résultat une fois obtenu et le tissu soyeux du cocon mis, par conséquent, à l'abri de toute souillure, ces cocons, au moyen de je ne sais quel procédé mécanique, sont pressés, aplatis, exactement ramenés, en un mot, à l'état de ces figues sèches que l'on voit étalées dans tous nos magasins d'épiceries. Bientôt après, ils sont disposés par couches superposées et fortement tassées dans des caisses ou des saches qui prennent passage, aux Echelles du Levant, sur nos navires de commerce, et ceux-ci viennent les débarquer à Marseille, où nos entrepreneurs de filature vont les acheter lorsque les cocons indigènes commencent à leur faire défaut.

Si cette nouvelle branche du commerce d'importation, appliquée aux matières premières, qui est, je le répète, d'une date toute récente et encore à l'état d'essai, s'établit et se développe, nous ne tarderons pas à voir, selon toute apparence, nos ateliers de dévidage filant, outre les cocons nationaux, ceux de l'Asie Mineure et de l'Afrique française, les cocons du Liban et de l'Atlas ; que dis-je, peut-être les verrons-nous un jour occupés à dévider les cocons venus à travers les Océans Pacifique et Atlantique, de la patrie originelle et primitive du ver à soie, du Céleste Empire lui-même.

Oui, quelque jour, peut-être, les cocons chinois, embarqués à Canton, débarqués à Marseille, dévidés à Alais ou à Ganges, tissus à Nîmes, Saint-Etienne ou Lyon, s'en reviendront, sous forme de damas, de velours, de gaze ou de rubans, décorer les palais ou parer les princesses tartares de la cour de Pékin. Et pourquoi n'en serait-il pas ainsi? Le coton, recueilli dans la Virginie, n'a-t-il pas été vu traversant l'Atlantique pour être cardé, filé, tissé à Manchester, et puis reprenant la même voie pour être livré à la consommation des planteurs virginiens eux-mêmes ?

Mais laissons là ces châteaux en Espagne industriels pour arriver à la seconde opération que doit subir la soie grége une fois sortie des ateliers de filature, avant d'arriver jusqu'à ceux de la teinture et du tissage.

IV.

Ouvraison ou moulinage de la soie.

Au sortir de l'atelier où se dévide le cocon, l'écheveau de soie grége se compose de fils trop déliés, trop fragiles, trop inégaux et trop souvent rompus pour pouvoir, en cet état, se prêter aux diverses façons du tissage. On le soumet donc à une nouvelle opération qui consiste à tordre, d'abord séparément, et puis ensemble plusieurs de ces brins si ténus, de manière à les unir en un seul fil plus fort, plus uni et continu. Ce fil devient la matière première employée par toutes les fabriques de soieries.

L'opération dont je viens de dire l'objet s'exécute au moyen d'un système mécanique assez compliqué, dont les principales pièces sont de grands dévidoirs qui portent le nom de moulins à soie, de là le nom de moulinage donné à l'opération elle-même; lorsqu'elle s'applique aux qualités de soie les plus fines appelées organsins, l'ouvraison se nomme à son tour *organsinage*.

Les moulins à soie sont mis en mouvement ou par une machine à vapeur, ou, bien plus communément encore, par une chute d'eau, moteur infiniment plus économique. Ils sont assez souvent annexés aux grands établissements de filature de cocons, mais bien souvent aussi ils en sont séparés. Le plus grand nombre des usines de moulinage sont établies dans l'Ardèche, sur les bords de ces nombreux cours d'eau dont ils utilisent les chutes. Cette industrie est même devenue une sorte de spécialité pour l'ancien Vivarais, que favorise d'ailleurs beaucoup, à cette fin, le voisinage de Lyon, la grande et véritable métropole de toute l'industrie française de la soie.

L'ouvraison de la soie, résultat d'un travail tout mécanique, où l'homme est purement et simplement au service d'une machine, de même que dans la filature du coton, de la laine ou du lin, et à la différence de la filature de la soie où la machine n'est, au contraire, que l'auxiliaire de l'homme, l'ouvraison emploie un élément personnel relativement fort restreint.

La classe laborieuse qui le constitue tient tout à la fois, par sa condition et ses habitudes, à l'élément personnel de la filature de la soie et à celui de la fabrique de tissage. Il appartient au premier par son origine rurale comme par son séjour habituel à la campagne ou au milieu des montagnes; il appartient au second par la nature de ses travaux, par sa présence continue et de toute l'année au sein de l'atelier. Sa condition matérielle et morale ne tranche, du reste, que fort peu avec celle de la population même dont il émane, et varie, par conséquent, selon les départements où se pratique l'industrie qu'il dessert. On peut remarquer que les salaires sont, en général, un peu inférieurs à ceux des ouvriers et des ouvrières qui filent le cocon; et c'est justice, après tout, puisque sa coopération toute mécanique exige bien moins de dextérité, d'intelligence et d'apprentissage. Toutefois, le principal désavantage des ouvriers employés au moulinage vis-à-vis de ceux voués à la filature, c'est que leur présence dans l'usine, ainsi que je le disais tout à l'heure, dure pendant toute l'année; qu'ils ne vont point, par conséquent, se retremper dans la vie agricole, et participent infiniment plus, dès lors, à l'existence des ouvriers de fabrique, avec tous ses inconvénients et tous ses périls. Ici se rencontre bien plus fréquemment l'habitude, toujours un peu fâcheuse pour les femmes et les filles surtout, d'abandonner le domicile conjugal ou paternel, non-seulement pendant toute la journée, mais encore pendant toute la semaine; de se loger en commun dans des chambres louées, où l'on s'entasse, et de rompre presque entièrement avec la vie si précieuse et si préservatrice du ménage au logis.

Telles sont les seules observations spéciales qu'il me paraît nécessaire et utile de consacrer à la classe laborieuse qu'emploie le moulinage de la soie.

V.

Statistique de la filature et de l'ouvraison de la soie.

Je terminerai cette étude, comme la précédente, par quelques documents et tableaux statistiques empruntés au second volume de la publication officielle du ministre de l'agriculture et du commerce, sur l'industrie française [1].

Ici encore, bien des observations pourraient sans doute être faites touchant l'exactitude de certains chiffres, mais l'on ne rencontre cependant pas de ces quiproquos *renversants*, tels que j'ai dû en signaler au sujet de l'agriculture séricicole proprement dite.

Les départements du midi oriental de la France, où la filature de la soie se pratique sur une assez grande échelle pour qu'il y ait lieu d'en tenir compte, sont au nombre de onze. On les trouvera disposés, selon l'ordre d'importance de leur production, dans le tableau n° 1. Les six premiers sont : le Gard, Vaucluse, la Drôme, l'Hérault, l'Ardèche et le Var.

[1] Pages 275, 276 et 277.

Le Gard, que l'on trouve toujours en tête, et l'on pourrait même dire hors ligne, pour tout ce qui tient à la production séricicole de nature plus ou moins agricole, opère sur des matières premières (les cocons) évaluées à 4,819,162 fr., qu'il transforme par le dévidage en produits fabriqués, c'est-à-dire en soies gréges estimées 5,964,183 fr. Cette opération a lieu dans 81 établissements, qui renferment 884 tours ou machines, et occupent 3,790 ouvriers de tout sexe et de tout âge. Le salaire moyen de ces ouvriers est, pour les hommes, 1 fr. 86 c.; pour les femmes, 1 fr. 23 c.; pour les enfants, 0 fr. 75 c.

Au second rang, et toujours à une assez forte distance, se présente non plus la Drôme, comme en fait de production de cocons, mais bien Vaucluse, qui opère sur des matières premières valant 2,962,812 francs, les transforme en soies gréges évaluées à 3,719,742 fr., emploie dans 34 établissements 407 métiers et occupe 1,309 ouvriers. Leur salaire moyen est, pour les hommes, 2 fr. 11 c.; pour les femmes, 0 fr. 98 c. seulement, et 0 fr. 76 c. pour les enfants.

Les chiffres propres à la Drôme et à l'Hérault se rapprochent beaucoup de ceux de Vaucluse, ainsi qu'on peut le voir au tableau n° 1.

L'Ardèche, que nous allons voir tout à l'heure remplir le premier, et de beaucoup le principal rôle dans l'ouvraison, n'est ici qu'en cinquième ordre : 25 établissements seulement y opèrent sur des matières premières évaluées 1,449,375 fr., leur donnent une valeur de 1,699,898 fr., au moyen de 201 métiers ou machines, et de 1,018 ouvriers. Le salaire moyen des hommes y est de 1 fr. 96 c., celui des femmes, de 0 fr. 98 c., et celui des enfants, de 0 fr. 64 c.

Inutile de poursuivre ces détails, pour lesquels je renvoie au tableau tout lecteur qui sera curieux de les connaître. En somme, l'industrie du dévidage du cocon dans le midi oriental de la France, d'après la statistique officielle, aurait été représentée en 1840 par les nombres que voici :

Matières premières par elle employées			15,456,373 fr.
Produits fabriqués, c'est-à-dire soies gréges			19,064,220
Nombre des établissements de filature			200
Nombre des machines et métiers			2,404
Nombre des ouvriers	Hommes	688	10,358
	Femmes	8,626	
	Enfants	1,044	
Salaires moyens pour les	Hommes		2 fr. 17 c.
	Femmes		1 08
	Enfants		0 67

(Voir le tableau n° 1, page 298.)

La soie grége est ouvrée, selon sa finesse et le genre de tissu auquel on la destine, en trame ou en organsin.

Le moulinage en trame s'exécute dans sept départements, dont voici les noms rangés par ordre d'importance de leur production : l'Ardèche, la Drôme, Vaucluse, l'Isère, le Gard, la Loire, l'Hérault. L'organsinage ne se pratique que dans trois départements : l'Ardèche, la Drôme et la Haute-Loire. L'Ardèche, qui prend ici un rôle tout à fait hors ligne, mouline en trame des soies gréges valant 9,311,536 fr., que cette opération élève à une valeur de 10,330,963 fr. Elle s'exécute dans 76 établissements, employant 323 moulins ou métiers, et 2,282 ouvriers de tout sexe et de tout âge. Le salaire moyen y est, pour les hommes, de 1 fr. 32 c.; pour les femmes, de 0 fr. 66 c., pour les enfants de 0 fr. 50 c. L'organsinage de l'Ardèche opère sur 12,446,705 fr. de soies gréges, les porte à 13,793,356 fr., et cela dans 95 établissements où fonctionnent 517 métiers ou machines servis par 3,072 ouvriers. Leur salaire moyen est un peu plus élevé, mais bien peu, et toujours assez inférieur à celui du personnel de la filature, savoir : 1 fr. 65 c. pour les hommes, 0 fr. 73 c. pour les femmes, et 0 fr. 52 pour les enfants.

La Drôme vient immédiatement après l'Ardèche. Elle mouline en trame et en organsin.

Voici ses chiffres en trame : elle mouline 5,987,200 fr. de soies gréges qu'elle porte à une valeur de 7,140,958 fr., et cela dans 63 établissements, où fonctionnent 3,981 métiers ou machines servis par 2,061 ouvriers. La Drôme mouline en organsin 3,312,800 fr. de soies gréges qu'elle porte à une valeur de 3,848,430 fr., et cela dans 25 établissements où fonctionnent 290 métiers ou machines servis par 794 ouvriers.

Les chiffres totaux relatifs à l'ouvraison de la soie dans le midi oriental de la France sont les suivants :

Matières premières moulinées		Trame	22,137,383	
		Organsin	16,502,005	
Ensemble			38,639,388 fr.	
Produits fabriqués		Trame	25,306,587	
		Organsin	18,523,650	
Ensemble			43,830,237 fr.	
Nombre d'établissements		Trame	196	
		Organsin	130	
Ensemble			326	
Nombre de machines ou métiers		Trame	5,343	
		Organsin	808	
Ensemble			6,151	
Nombre des ouvriers	Trame	Hommes	447	6,102
		Femmes	4,403	
		Enfants	1,252	
	Organsin	Homm	370	4,101
		Femmes	2,732	
		Enfants	999	
Ensemble				10,203

TABLEAU N° 1.

FILATURE SOIE GRÉGE ET OUVRÉE.

NOMS des DÉPARTEMENTS.	VALEUR des MATIÈRES premières.	VALEUR des PRODUITS manufacturés	NOMBRE des établissemens	NOMBRE des MACHINES.		NOMBRE des ouvriers.	SALAIRES MOYENS.		
							HOMMES	FEMMES	ENFANS.
	fr.	fr.		métiers	autres		fr. c.	fr. c.	fr. c.
N° 1. Gard.....	4,829.162	5,964.185	81	266	678	3.790	1 86	1 25	0 75
2. Vaucluse .	2,962 812	3,719.742	34	347	60	1,309	2 11	0 98	0 76
3. Drôme ...	2,574,702	3,132,502	27	216	332	1.507	1 96	0 95	0 55
4. Hérault ..	2,193.327	2,641,044	21	90	00	1.396	2 19	1 32	0 91
5. Ardèche..	1,449,373	1,699,898	25	176	30	1,018	1 96	0 98	0 64
6. Var......	623,000	753,160	12	00	10	710	1 92	1 17	0 67
7. Isère.....	370,300	369 400	6	45	10	250	2 56	1 21	0 77
8. Bass.-Alp.	362,645	436,604	8	80	00	214	2 35	0 97	0 58
9. Aveyron..	51,000	73,350	4	00	104	93	2 50	1 12	0 00
10. Aude.....	24,850	37.000	1	00	00	49	2 09	0 50	0 40
11. Pyrén -Or.	23,400	37,500	1	20	00	40	2 50	1 50	0 00
TOTAUX....	15,456,573	19,064,380	220	1,180	1,224	10,338	2 17	1 08	0 67
				2,404					

TABLEAU N° 2.

SOIE GRÉGE, MOULINÉE, OUVRÉE EN TRAMES.

NOMS des DÉPARTEMENTS.	VALEUR des MATIÈRES premières employées.	VALEUR des PRODUITS manufacturés	NOMBRE des établissemens	NOMBRE des MACHINES.		NOMBRE des ouvriers.	SALAIRES MOYENS.		
							HOMMES	FEMMES	ENFANS.
	fr.	fr.		métiers	autres		fr. c.	fr. c.	fr. c.
N° 1. Ardèche..	9,311,536	10,730,963	76	68	255	2,282	1 52	0 66	0 50
2. Drôme ...	5.987,200	7.140,958	63	3,165	816	2 061	2 39	0 80	0 50
3. Vaucluse .	4,034,200	4,565,860	31	129	82	1.154	1 70	0 91	0 62
4. Isère.....	1.129.960	1,390,740	12	10	280	262	1 90	0 80	0 64
5. Gard.....	1,105,232	1,243.006	5	00	00	182	1 67	0 86	0 70
6. Loire	531 600	588 500	6	500	00	117	1 73	0 95	0 00
7. Hérault ..	39,655	46 569	3	36	2	44	2 50	1 50	1 00
TOTAUX....	22,137,383	25,506,587	196	3,008	1,435	6,102	1 89	0 93	0 66

TABLEAU N° 3.

SOIE OUVRÉE, ORGANSIN.

N° 1. Ardèche..	12,446,705	13,793,556	95	50	467	3,072	1 65	0 75	0 52
2. Drôme ...	3,312 800	3,848,430	25	141	149	794	1 84	0 79	0 55
3. Hte-Loire.	742,500	881.864	10	00	1	235	1 20	0 80	0 50
TOTAUX....	16,502,005	18,523,650	130	191	617	4,101	1 56	0 77	0 52

TABLEAU N° 4.

SOIE TEINTE, MOULINÉE, A COUDRE, LACETS.

Gard	1.082,000	2,842,330	12	119	63	818	2 08	0 94	0 58

Le salaire moyen des hommes pour le moulinage de la trame est de.		1 f. 89 c.
Pour celui de l'organsin		1 56
Celui des femmes :	Trame	0 93
	Organsin	0 77
Celui des enfants :	Trame	0 06
	Organsin	0 52

(Voir les tableaux nos 2, 3 et 4 ci-joints.)

Dans le département de l'Ain la statistique constate un établissement de filature, moulinage et tissage-satin, tout à la fois, dont voici les chiffres :

Département.	Matières premières.	Produits fabriqués.	Nombre d'ouvriers.
Ain. . . .	1,060,000 fr.	1,188,000 fr.	230

Enfin, à ces tableaux, tous applicables à la région dite Midi oriental, il faut ajouter le document suivant, applicable à la Côte-d'Or (région du Nord oriental).

Département.	Valeur des matières premières.	Valeur des produits fabriqués.
MAGNANERIE.		
Côte-d'Or. . .	1,550 fr.	5,615 fr.
FILATURE.		
Idem.	18,000 fr.	25,200 fr.

Typographie Hennuyer, rue du Boulevard, 7, Batignolles.

33

SOMMAIRE

DE CES DEUX PREMIÈRES ÉTUDES.

PREMIÈRE ÉTUDE.

Classes laborieuses vouées à la production du Cocon.

SECONDE ÉTUDE.

Classes laborieuses vouées à la filature et à l'ouvraison de la soie.

www.ingramcontent.com/pod-product-compliance
Lightning Source LLC
LaVergne TN
LVHW012015160826
845678LV00002B/850

* 9 7 8 2 3 2 9 6 6 3 7 8 4 *